Humor und Trauer – Heilsam oder zerstörerisch?

Ein Heft, das sich ausschließlich mit Humor in Trauer, Leid und Krise befasst, weckt Neugierde, kann aber auch befremden. Heißt es doch in dem in der Medizin bekannten Satz: »In Gegenwart des Kranken haben Gespräche zu verstummen, entfliehe das Lachen. Während die Krankheit alles beherrscht.«[1] Ist diese Haltung antiquiert, überholt und steht heute anstelle ihrer die Forderung »Humor ist, wenn man trotzdem lacht« – auch wenn es innerlich weh tut?

Vielleicht ist der Tod nur mit Humor zu ertragen, wenn man ihm schon nicht entkommen kann. Woody Allen drückte es anders aus: »Ich habe nichts gegen den Tod, ich möchte nur nicht dabei sein, wenn es passiert.« Nach manchen Definitionen ist Humor die Fähigkeit, auf bestimmte Dinge heiter und gelassen zu reagieren – und wo wäre diese heitere Gelassenheit wichtiger als bei Krankheit, Sterben und Tod? Wäre das nicht ein guter Tod: mit einem entspannten Lächeln auf den Lippen und am besten mit einem Bonmot wie das von Oscar Wilde: »Entweder geht diese scheußliche Tapete – oder ich.«

Die lateinische Herkunft des Wortes Humor verweist auf Feuchtigkeit, gemeint ist die Zusammensetzung der Körpersäfte, die Temperament und Stimmungslage festlegen. Auch die Etymologie bietet schon die Nähe zur feuchten Erde des Grabes. Im Mittelalter wurde der Tod oft auch als Narr dargestellt und umgekehrt.

Zumindest für manche Menschen scheint auch ein tiefschwarzer Humor sehr hilfreich zu sein beim Umgang mit Leid und Verlust. So wie der krebskranke Patient, der sich als Handy-Ton »Spiel mir das Lied vom Tod« eingestellt hatte und sich immer, wenn er angerufen wurde, mit klammheimlicher Freude umsah, wie die Anwesenden auf diesen makaberen Ton reagierten.

Ist Humor heilsam oder zerstörerisch? Zu dieser Frage kommen in diesem Heft Fachleute aus unterschiedlichen Bereichen zu Wort. Sie berichten aus ihrer Tätigkeit und zeigen, wie Humor in der Begleitung von Menschen in Krise, Leid oder Trauer als menschliches Phänomen wirkt, wo er in ihrer Arbeit seinen Platz hat und wie er als Ressource für Bewältigungs- und Heilungsprozesse genutzt werden kann. Sie erklären, welche tieferliegende Auffassung hinter ihrem Humorverständnis steht, wie Humoristisches das Ziel verfehlen kann und wo sie die Grenzen setzen. Eines haben sie jedoch gemeinsam: Humor ist bei ihnen nicht nur erlaubt, sondern ist eine Notwendigkeit.

So geht es in diesem Heft also nicht um die Frage, ob Humor sinnvoll und sinnstiftend eingesetzt werden kann oder soll, sondern darum, wie wir mit den hellen und dunklen Seiten des Humors bei uns selbst wie auch bei den Betroffenen und ihren Angehörigen umgehen können. Humor ist eine wichtige Ressource in der Begleitung – zu wichtig, als dass wir darauf verzichten könnten!

Dorothee Bürgi

Lukas Radbruch

1 Praesente aegroto taceant colloquia, effugiat risus. Dum omnia dominat morbus.

Leidfaden, Heft 4 / 2013, S. 1, © Vandenhoeck & Ruprecht GmbH & Co. KG, Göttingen, 2013, ISSN 2192-1202

Inhalt

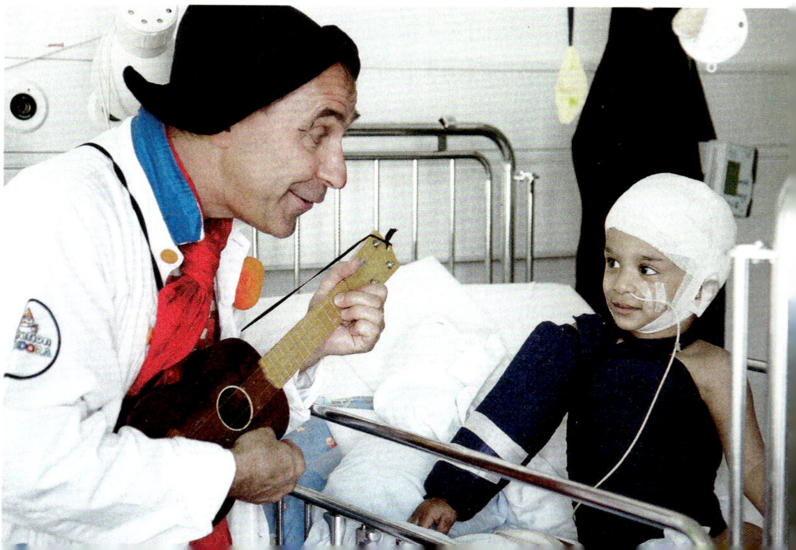

KNIE

Humor in der Sterbebegleitung – ist das möglich?

Klaus Aurnhammer und Martina Kern

Humor in der Sterbebegleitung – geht das? Ein erster Impuls vieler Menschen ist: Nein, das geht nicht. Man kann ja über vieles lachen im Leben, aber doch nicht über das Sterben. Und schon gar nicht über den Sterbenden. Letzteres stimmt. Aber darum geht es ja auch nicht. Es geht um die Frage, ob im Angesicht des Todes sterbende Menschen selber noch humorfähig sind.

Bevor wir diese Frage beantworten, sollten wir überlegen, was wir überhaupt unter Humor verstehen. Wichtig ist eine Abgrenzung: Humor ist mehr als Comedy und Witzemachen. Humor ist, wie der Duden das einmal formulierte, »die Gabe eines Menschen, der Unzulänglichkeit der Welt und der Menschen, den Schwierigkeiten und Missgeschicken des Alltags mit heiterer Gelassenheit zu begegnen«. So verstanden ist Humor also etwas, das dem Menschen hilft, mit Widrigkeiten klarzukommen. Humor zeigt vielleicht erst gerade dann seine wohltuende Wirkung, wenn es Menschen schlecht geht. Beim politischen Witz ist das zum Beispiel erkennbar. Repressive Systeme erzeugen sehr subtile und meist doppelbödige Witze. Man könnte hier fragen, in welchem Teil Deutschlands bis 1989 der bessere politische Witz existierte. Ein weiteres Beispiel ist der jüdische Witz. Als immer wieder unterdrücktes Volk in West- und Mitteleuropa kennen die Juden eine Unzahl wunderbarer, heiterer und selbstironischer Geschichten und Witze.

Überlegenheitstheorie – vom Unten oder Oben im Erleben

Humortheoretiker nehmen diese Art des politischen und gesellschaftlichen Humors als Beispiel für die sogenannte Überlegenheitstheorie (Bischofberger 2008). In sozialen Systemen, so die Theorie, gibt es ja immer ein mehr oder weniger ausgeprägtes Oben und Unten. Eine Geschichte wird dann zum Witz, wenn sie auf überraschende Art »die da oben« aufs Korn nimmt oder wenn sie eine Eigenschaft »derer da unten« selbstironisch kommentiert. In beiden Fällen bietet der Witz eine entlastende Funktion für die Betroffenen. Der Witz funktioniert als entlastendes Element aber nur, wenn er aus der Perspektive der Bedrängten erzählt wird.

Was für den politischen Witz plausibel erscheint, wird für den Sterbenden zur Frage. Gilt auch für schwersterkrankte und sterbende Menschen, dass sie in der Bedrängnis des bald endenden Lebens noch Humor entwickeln, oder hört der Spaß dann auf?

> Herr Moritz, 84 Jahre alt, ist in letzter Zeit immer hinfälliger geworden. Sein Herz ist schwach, er kann immer weniger selbst verrichten. Seine Kinder versorgen ihn liebevoll. Eines Tages sagt er lächelnd bei der Morgenpflege zu seinem Sohn: »Weißt du, ich glaube mein Mindesthaltbarkeitsdatum ist abgelaufen.«
>
> »Kopf hoch, Schwanz geringelt«, sagt Herr Ludwig. Er ist Sägewerksbesitzer und hat gerade in einem Aufklärungsgespräch erfahren, dass sein Leben nur noch kurz sein kann.

Die beiden Männer zeigen Humor. Statt sich vom drohenden Sterben niederdrücken zu lassen, erheben sie sich mit einem »flotten Spruch« über ihr Schicksal und trotzen ihm.

Es stimmt: auch am Lebensende sind Menschen zum Humor fähig.

Leidfaden, Heft 4/2013, S. 4–11, © Vandenhoeck & Ruprecht GmbH & Co. KG, Göttingen, 2013, ISSN 2192-1202

Paul Klee, Maske dreizahn, 1932 / The Bridgeman Art Library

Gilt auch für schwersterkrankte und sterbende Menschen, dass sie in der Bedrängnis des bald endenden Lebens noch Humor entwickeln, oder hört der Spaß dann auf?

Inkongruenztheorie – irgendwas passt hier nicht

Eine weitere Theorie beschreibt, wie der Witz auch zustande kommen kann: durch Inkongruenz. Der Grundgedanke der Inkongruenztheorie lautet: Zwei verschiedene Situationen oder Gedanken, die eigentlich nicht zusammenpassen, werden auf überraschende Weise zusammengefügt.

> In einer Familie wird die Krebserkrankung der Oma besprochen. Auch die noch jüngeren Enkelkinder sind anwesend. Ruhig und offen wird erklärt, was die Oma hat, von Krebs ist die Rede, allen ist der Ernst der Lage anzumerken. Irgendwann bemerkt die Enkeltochter: »Ach Mist, Oma, dass du Krebs hast. Warum kannst du nicht eine Winkelkrabbe haben?« Die Kleine war eine Woche zuvor an der Nordsee gewesen und hatte dort den Unterschied zwischen Krebs und Winkelkrabbe anschaulich entdeckt. Die bedrückende Stimmung war sofort aufgehoben, alle lachten erleichtert.

Die witzige Überraschung und der Grad des Kontrasts bestimmen den humorvollen Effekt. Dieses Prinzip entdecken wir häufig in der Situationskomik. Diese Form von Humor erfordert ein Auge für das Unerwartete und Unkonventionelle. Der Effekt des Humors ist nach dieser Theorie folgender: Menschen können stressige und schwierige Situationen durch Perspektivenwechsel selbst besser verarbeiten.

> Herr Meier starb als junger Familienvater viel zu früh. Seine Frau, seine Eltern und sein kleiner Sohn sind tief betrübt. Eines Tages ist Frau Meier mit ihrem Sohn im Badezimmer. Der Kleine sitzt in der Wanne. Er sagt: »Es ist doch so Mami: Wenn dir das Wasser bis zum Hals steht, darfst du den Kopf nicht hängen lassen, sonst gehst du unter.« Kaum gesagt, probiert er das aus und taucht unter.

Das Schmunzeln, das die Mutter zeigt, rührt daher, dass ihr Sohn überraschenderweise das Baden mit dem Trauern um den Vater verknüpft. Der tiefere Sinn aber liegt darin, dass der Jun-

ge mit dieser sehr einfachen Umschreibung die Umgangsstrategie »Kopf hoch« der Familie beschreibt. Auch das wird Frau Meier in diesem Moment klar.

Abstand von zu viel Betroffenheit bekommen

Humor hat gerade da, wo das Sterben nahe ist, verschiedene Funktionen. All diese Funktionen eint, dass sie den Beteiligten gut tun, sie führen zueinander hin, schaffen und fördern Beziehungen und benennen scheinbar Unaussprechliches.

Eine Grundfunktion, die den Humor auszeichnet, ist Abstand zu bekommen, Abstand zu dem, was eigentlich so drängend nahe ist.

> Frau Lang liegt auf der Palliativstation. Sie weiß, dass ihr Leben nur noch kurz währt, und hat begonnen die »letzten Dinge« zu regeln. Sie lebt geschieden und hat mit ihren Kindern nur gelegentlich Kontakt. Eines Morgens kommt sie auf das Thema Bestattung zu sprechen. »Am liebsten würde ich mich verbrennen lassen«, sagt sie, »und die Asche soll auf dem Aldi-Parkplatz verstreut werden.« Die Krankenschwester ist erstaunt. »Wieso denn das?«, fragt sie. »Ganz einfach«, antwortet Frau Lang, »dann bin ich mir sicher, dass sie mich wenigstens einmal die Woche besuchen kommen.«

Am Ende des Lebens zu realisieren, dass die engsten Beziehungen gestört sind, ist bedrängend. Da schafft die Idee, die Asche auf einem Parkplatz zu verstreuen, für Frau Lang eine Distanz, die – zumindest für den Augenblick – gut tut. Der Abstand erleichtert, lässt durchatmen, Kraft schöpfen. Ein ähnliches Phänomen finden wir beim sogenannten Leichenschmaus. Nach der so intensiven und dichten Bestattungsfeier am Grab, gefüllt mit Trauer und Bedrängnis, kann es sein, dass beim anschließenden Kaffeetrinken die Erinnerungen an den Verstorbenen auch humorvollen Charakter bekommen. Da werden heitere und lustige Anekdoten berichtet, die Trauergäste können schmunzeln oder lachen. So ist Abstand gewonnen, der das eigentlich Schwere anders tragen lässt.

Leichtigkeit schaffen

Eine weitere Funktion des Humors besteht darin, ein wenig Leichtigkeit im sonst so schwer zu Tragenden zu schaffen. Man könnte auch sagen: Humor entkrampft.

> Herr Bär leidet an einem Darmtumor. Er war vor einem Jahr operiert worden. Jetzt wurden Metastasen in der Leber und am Bauchfell festgestellt. Herrn Bär ist der Ernst der Lage bewusst, er hatte sich von Beginn seiner Erkrankung an für alle medizinischen Details und Hintergründe interessiert. Jetzt will er vom Arzt wissen, wie lange er noch zu leben hat. Doch so ganz direkt will er nicht fragen, das fällt ihm dann doch zu schwer. Stattdessen wählt er eine andere Lösung. Er fragt grinsend den Arzt: »Sagen Sie ehrlich, lohnt es sich noch, einen Jahreswagen zu kaufen?«

Der Humor, den Herr Bär hat, erleichtert es ihm, seine Frage nach dem Sterben zu stellen, ohne das Sterben direkt zu benennen. Das hilft. Aber es hilft nicht nur ihm. Ohne Zweifel ist die Frage nach dem Jahreswagen auch für den gefragten Arzt eine Brücke. Ein pfiffiger und humorbegabter Arzt könnte zum Beispiel antworten: »Na ja, Herr Bär, vielleicht wäre ein günstiger gebrauchter passender.« Ein solcher Wortwechsel würde Dinge klären, ohne sie zu verharmlosen und ohne sie zu dramatisieren. Je nach Situation könnte dies der Einstieg in ein tieferes Gespräch darüber sein, was Herr Bär noch erwartet. Genauso gut könnte es aber sein, dass diese beiden Sätze für Herrn Bär und den Arzt ausreichen. Auch ohne eine Fortsetzung des Gesprächs hätten die beiden einander und die Situation – das Leben ist begrenzt – verstanden.

Kontakt aufnehmen – wider die Sprachlosigkeit

Humor hat also nicht nur psychische Funktionen für den einzelnen Menschen, sondern auch kommunikative. Niemand kann sich selbst Witze erzählen. Das funktioniert einfach nicht. Humor lebt in und von Beziehung. Humor ist im Wesentlichen eine Gabe und Fähigkeit zu interagieren und zu kommunizieren. Im Zwischenmenschlichen zeigt sich der ganze Reichtum des Humors.

Patient zu sein bedeutet abhängig zu sein, abhängig von der Erkrankung, abhängig von denen, die gesund sind und einfach mehr können, abhängig von den Fachleuten, den Ärzten und den Pflegenden. Patienten fühlen sich eben nicht »obenauf«, sondern eher »am Boden«. Der Humor erlaubt, genau dieses Gefälle auf den Kopf zu stellen.

> Herr Meiser liegt auf der Onkologie. Die Chemotherapie, der er erhält, nimmt ihn sehr mit, er ist geschwächt und benötigt im Moment viel pflegerische Unterstützung. Diese Abhängigkeit von anderen stößt ihm bitter auf. Eines Tages fragt er die Krankenschwester verschmitzt: »Schwester, was ist der Unterschied zwischen einem Tumor und einer Krankenschwester?« Die Schwester schüttelt den Kopf: »Keine Ahnung.« »Ganz einfach«, antwortet Herr Meiser, »ein Tumor kann gutartig sein.« »Eins zu null für Sie«, sagt die Krankenschwester lachend.
>
> Die Abhängigkeit ist für einen Moment vergessen, Herr Meiser hat diese Runde gewonnen, seine Unterlegenheit ist aufgehoben. Durch das gemeinsame Humorverständnis ist die Beziehung zu Herrn Meiser ein wenig intensiver und vertrauter geworden. »Sie sind meine Verbündete im Leid«, erklärt Herr Meiser später. »Diese ganze Betroffenheit ist nämlich nicht zum Aushalten hier.«

Sprachfähig machen

Die Abhängigkeit der Patienten von anderen erfährt immer da eine Zuspitzung, wo es um Intimes geht. Wo die Selbständigkeit und Mobilität nachlassen und die Pflegebedürftigkeit zunimmt, erleben kranke Menschen, dass andere ihnen körperlich nahekommen: Gewaschen werden, an- oder ausgezogen werden, zur Toilette gebracht werden, das sind Situationen, in denen der Kranke seine Intimsphäre verletzt sieht. Er muss diesen Raum, der sonst im Leben mit Scham geschützt war, öffnen. Vielen fällt das schwer. Wie kann man mit diesen Tabubrüchen (»darüber spricht man nicht«) umgehen? Auch in diesen Situationen hat der Humor eine wichtige Funktion. Er macht intime Dinge benennbar und besprechbar.

> Herr Denzer leidet an Peniskrebs. Wegen anhaltender Schmerzen und wegen starker Wassereinlagerungen vom Becken abwärts kam er auf die Palliativstation. Allein aufstehen kann er nicht, die schmerzenden und unförmigen Beine hindern ihn daran. Bei der Visite sagt er dankbar zur Stationsärztin: »Frau Doktor, gucken Sie doch mal, wie er kleiner geworden ist.« Er zeigt auf seinen abgeschwollenen Penis. »Die Jüngeren wären darüber nicht froh. Aber es kommt immer darauf an, wie er gebraucht wird.«

Diese humorvolle Interpretation seiner Lage schafft Herrn Denzer einen ausreichend großen Abstand zu einer eigentlich kaum auszuhaltenden Lage. Und zugleich ermöglicht er mit seinem Satz der Ärztin, mit ihm über etwas sehr Intimes zu sprechen. Sein Humor hat einen Sprachraum eröffnet, der ansonsten mit Scham geschützt ist und verschlossen bleibt.

Nicht ganz so tragisch erscheinend, aber doch auf derselben Linie ist folgende Begebenheit, die sich in einem Altenpflegheim zutrug.

Herr Bender ist 92 Jahre alt und lebt seit einem halben Jahr im Altenheim. Er benötigt zwar pflegerische Unterstützung, versucht aber immer noch vieles allein zu regeln. Eines Tages läuft er mit offener Hose über den Flur. Die Altenpflegerin spricht ihn darauf an. Herr Bender schaut gar nicht erschrocken nach unten. In ruhigem Ton antwortet er mit tragender Stimme: »Da, wo ein Toter ruht, da lass ein Fenster offen.«

Humor statt Scham – Raum schaffen in herausfordernden Situationen

Doch nicht nur körperliche Intimzonen oder Sexualität sind schamgeschützte Bereich des menschlichen Lebens. Es gibt auch andere Peinlichkeiten, die es dem Kranken erschweren, mit anderen in Kontakt zu gehen. Immer wieder führt dies zu sozialer Isolation. Daran leiden Menschen genauso wie an ihrer Grunderkrankung. Auch hier kann Humor eine hilfreiche Funktion haben:

Frau Claus hatte vor fast zwanzig Jahren Brustkrebs entwickelt. Die Brust wurde entfernt, sie erhielt Bestrahlung und Chemotherapie, der Krebs schien besiegt. Nun hatten ihr die Chirurgen aufgrund eines neu gewachsenen Tumors an der Innenseite des Oberarms den gesamten Arm amputieren müssen. Ihr war die Situation peinlich. Die fehlende Brust hatte man ihr nie ansehen können, aber der fehlende Arm war so offensichtlich. Sich auf der Straße zu zeigen oder auf Leute zuzugehen, fiel ihr schwer. Eine ihrer Töchter lebte einige Hundert Kilometer entfernt und begann in der Zeit der Erkrankung ihrer Mutter Briefe zu schreiben. Eines Tages kam ein solcher Brief. Knapp unterhalb der Briefmarke hatte die Tochter, mit feinem Filzstift gezeichnet, ein »Strichfrauchen« auf den Briefumschlag gesetzt.

Eine Brust, ein Arm, damit konnte nur sie selbst gemeint sein. Peinlich berührt und erbost rief sie bei der Tochter an, um sich zu beschweren: »Was soll denn das?«, so Frau Claus, »das bin doch ich!« »Klar«, antwortete die Tochter, »und, hat der Briefträger etwa dumm geschaut?«. »Nein, hat er nicht. Er hat das gar nicht kapiert, dass ich das bin.« »Eben«, sagte die Tochter, »jeder kann's sehen, aber keiner, dem du's nicht sagst, versteht den Zusammenhang. Den verstehen nur wir zwei.«

Von diesem Brief an zierten alle folgenden Briefumschläge solche Bildchen, mal mit Schirm, mal mit Hut, mal im einhändigen Handstand. Mutter und Tochter hatten stets ihre heimliche Freude daran, dass das, was eigentlich sichtbar war, nur ihnen beiden vorbehalten blieb.

Der Tochter von Frau Claus gelang es mit dieser gewagten Humorintervention, einen schamgeschützten Bereich besprechbar zu machen, ohne die Scham zu durchbrechen. Für die beiden Frauen war ein Sprachraum entstanden, der nur für sie beide reserviert war. Die Scham konnte weiter bestehen, aber sie isolierte Frau Claus nicht mehr. Solches zu bewirken verleiht dem Humor eine gewisse Eleganz und Raffinesse.

Verbindung schaffen durch Humor

Wenn Menschen Humor miteinander teilen können, sind sie inniger verbunden als vorher. Zugleich schafft es der Humor immer wieder, ganz unterschiedliche Themen miteinander zu verknüpfen. Humor verdichtet sozusagen.

Ebenfalls mit Scham hat folgende Geschichte zu tun. Obwohl in den letzten Jahren die Urnenbeisetzung als Bestattungsform rasant zugenommen hat, ist sie für viele Menschen immer noch fragwürdig: Darf man das überhaupt? Ist das wirklich gut? Solche Fragen tauchen auf.

> Frau Herzog war gestorben. Sie hatte zuletzt viele Hautmetastasen am ganzen Körper gehabt, die ihr Aussehen sehr verändert hatten. Sie und ihre Familie hatten sich für eine Urnenbeisetzung entschieden. In einer Trauergruppe erzählt die Tochter von Frau Herzog dem begleitenden Seelsorger davon.
>
> »Wir haben sie dann eben verbrannt. Wissen Sie, so entstellt, wie sie zuletzt aussah, konnten wir sie da oben doch nicht aufwachen lassen.«

Der Humor dieses Satzes vereint und verschränkt ganz unterschiedliche Themen miteinander: das Leid der Entstellung durch die Krankheit, das Ringen um die Würde der Bestattung und die Hoffnung auf ein Jenseits, das nicht einfach etwas fortsetzt, sondern etwas Neues, Schöneres umfasst. Zugleich ist die Äußerung der trauernden Frau Herzog eine Einladung, mit ihr und den angedeuteten Themen in Verbindung zu gehen. Ein gutes Trauergespräch könnte so beginnen.

Rollen klären und neu sortieren

In der Begleitung Sterbender steht die Kommunikation insgesamt auf dem Prüfstand. Nicht alles, was im Alltag bisher zählte und kommunikativ »normal« war, trägt in dieser besonderen Situation. Immer wieder machen Ehepartner, Familien oder Freunde die Erfahrung, dass jetzt ein besonders Feingefühl gefragt ist. Das Gewohnte, das Eingeschliffene, das Routinierte kommt an seine Grenzen. Auch die gewohnten Rollen sind davon betroffen. Der, der immer für alles gesorgt hat, der immer alles wusste und konnte, liegt jetzt als Kranker und Sterbender da und kann nicht mehr, die, die immer tat, was von ihr verlangt war, muss jetzt von sich aus tun und regeln. Das fällt allen schwer.

> Herr Gärtner ist so ein Regler und »Alles-Könner« gewesen. Jetzt hat ihn ein Lebertumor schwach und kraftlos gemacht. Er kommt nicht mehr aus dem Bett heraus, braucht für alles Handreichung und Hilfe. Seine Frau sitzt treu an seiner Seite, fühlt sich aber hilflos und der Situation nicht gewachsen. So tut sie, was sie auch früher tat. Sie sorgt sich um ihn. Sie hilft beim Waschen und Ankleiden, bringt Selbstgekochtes mit ins Krankenhaus. Herrn Gärtner aber hat der Appetit verlassen. Nur widerwillig isst er die mitgebrachten Speisen seiner Frau zuliebe. Er möchte ihr nicht vor den Kopf stoßen, traut ihr nicht offen zu sagen, dass er nicht mehr essen mag. Frau Gärtner kommt auf die Station und hat Himbeeren mitgebracht. »Schau«, sagt sie, »aus dem Garten. Und so zubereitet, wie du sie magst.« Herr Gärtner seufzt und probiert zwei oder drei Himbeeren. Dann lässt er den Löffel sinken. »Was ist?«, fragt seine Frau. Herr Gärtner schaut seine Frau an und sagt: »Krebs mag keine Himbeeren!«

Herr Gärtners Humor hinterlässt den Zuhörer nicht schenkelklopfend. Sein Humor ist eher still und leise. Er macht nachdenklich. Nachdenklich machen ist eine ganz besondere Gabe des Humors. Er bricht das Alte und Gewohnte auf und eröffnet neue Denk- und Sprachräume. Humor verändert, die Situation, das Altbekannte, letztlich alle die, die mit ihm in Kontakt gehen. Frau Gärtner jedenfalls hatte verstanden. Es lag nicht an ihrem Mann, dass er nicht mehr aß, es lag auch nicht an ihr und ihrem Bemühen. Es war schlicht und einfach der Krebs, der hier eine Grenze gezogen hatte. Frau Gärtner verzichtete von da an darauf, ihren Mann zum Essen zu drängen.

Beziehungen intensivieren

Frau Senzig geht es gar nicht gut. Sie ist Patientin auf der Palliativstation, klagt über Schmerzen und Übelkeit. In den letzten beiden Tagen hat sich ihr Zustand nochmals verschlechtert. Das Sterben rückt offensichtlich näher. Gegen die anflutende Angst hatte sie Medikamente zur Beruhigung erhalten. Daraufhin hatte sie in der Nacht gut geschlafen. Bei der Visite am Morgen fragt der Oberarzt wie es ihr gehe. Frau Senzig antwortet: »Noch ein bisschen besser und es wäre gar nicht zum Aushalten.«

Die kommunikativen Funktionen des Humors bewirken, dass Menschen intensiver miteinander in Kontakt kommen. Beziehungen vertiefen sich, werden klarer und deutlicher. All dies kann geschehen, ohne dass die Beziehung selbst Thema des Gesprächs wird. Menschen müssen nicht immer »über« sich und den anderen reden, um einander besser und tiefer zu verstehen. Im und durch den Humor geschieht es »einfach«. Natürlich braucht es für dieses »Einfache« Voraussetzungen. Alle Agierenden, der Kranke und Sterbende, die Angehörigen, die professionellen Helfer und Begleiter müssen offen sein, für das, was da geschieht, sie benötigen ein Verständnis für die vielschichtigen und immer miteinander verwobenen Schichten des Humors.

Wenn es stimmt, dass Humor Gabe und Fähigkeit zugleich ist, dann braucht es auch Übung. Sonst verkümmert die Fähigkeit. Am schönsten ist es immer, wenn wir diese Fähigkeit bei Menschen beobachten dürfen, die sich mit dem eigenen Sterben auseinandersetzen müssen.

Humor und Weisheit

Die erzählten Beispiele zeigen noch etwas: Humorbegabte Menschen sind auf dem Weg der Weisheit unterwegs. Der Humor hilft ihnen, das, was ihnen im Leben widerfährt, mit einer gewissen Gelassenheit zu betrachten. Zugleich leugnen sie aber das kommende Sterben nicht. Monika Müller (2004) hat dies so beschrieben, dass sich im Humor sterbender Menschen zugleich Ergebenheit wie Erhabenheit zeigt. Menschen ergeben sich in die Situation des Sterbens, sie wehren es nicht (mehr) einfach ab, sie nehmen es hin. Zugleich aber erheben sie sich aus ihrem Leid, indem sie nicht mit ihm übereinstimmen. Dies gelingt mit dem Humor. In der Verknüpfung beider Dimensionen zeigt sich tatsächlich Weisheit.

Klaus Aurnhammer, Diplom-Theologe und Krankenpfleger, arbeitet als Seelsorger auf Palliativstationen; Mitarbeit in der Leitung eines ambulanten Hospizdienstes; Vorstandsmitglied der Landesarbeitsgemeinschaft Hospiz Saarland e. V.

E-Mail: klaus.aurnhammer@marienhaus.de

Martina Kern, Gesundheits- und Krankenpflegerin, ist Leiterin des Zentrums für Palliativmedizin am Malteser Krankenhaus Bonn/Rhein-Sieg; Leiterin von ALPHA Rheinland, der Ansprechstelle des Landes NRW zur Palliativversorgung, Hospizarbeit und Angehörigenbegleitung.

E-Mail: Martina.Kern@malteser.org

Literaturhinweise

Bischofberger, I.: Das kann ja heiter werden. 2. Auflage. Bern 2008.

Duden: Das Herkunftswörterbuch. Mannheim 2007.

Müller, M.: Dem Sterben Leben geben. Gütersloh 2004.

Trauernde können in für sie besonders belastenden Situationen durch Humor Abstand gewinnen. Auf diese Weise können ein Durchatmen, auch ein Lächeln oder sogar Lachen möglich werden.

sieunder/photocase.com

»Da sind uns vor Lachen die Tränen gekommen!«

Humor – Ein Schutzfaktor für Trauernde und ihre Begleiterinnen

Margit Schröer und Susanne Hirsmüller

Wohl dem, der Humor hat – in guten wie in schweren Zeiten. Dabei ist Humor immer sehr individuell. Als Charaktereigenschaft kann er Menschen auch in Zeiten größter Belastung wie zum Beispiel in der Trauer begleiten. Andererseits werden Menschen, die in guten Zeiten keinen Humor haben, in Phasen der Belastung und des Leidens wohl kaum einen Zugang zu diesem Schutzfaktor finden können.

Der Verlust eines geliebten Menschen macht es für alle Betroffenen immer wieder notwendig, ihre je eigenen Möglichkeiten der Auseinandersetzung mit dieser Krisensituation zu suchen und zu finden. Hierbei gehört auch Humor zu den möglichen Reaktionsweisen (Bonanno 2011), denn er ist eine der Einstellungen zum und im Leben und daher auch in der Trauer. Humor ist eine lebensbejahende Haltung, die um die »Brüchigkeit der menschlichen Existenz mit ihren *unvermeidlichen* Abschieden« weiß und diese akzeptiert.

Leidfaden, Heft 4/2013, S. 12–15, © Vandenhoeck & Ruprecht GmbH & Co. KG, Göttingen, 2013, ISSN 2192-1202

Es sei denn, man traut sich den Bär zu fragen:

Im Wald wird erzählt, der Bär habe ein Buch, in dem geschrieben steht, wer sterben wird. Der Hase grübelt und grübelt darüber nach und geht schließlich nach einigem Zögern zum Bären. »Bär, hast du so ein Buch?«, fragt der Hase. Der Bär nickt. »Stehe ich auch darin?« Der Bär schaut im Buch nach und nickt: »Ja, hier stehst du.« Der Hase tut einen tiefen Seufzer, fällt um und ist tot.

Der Dachs denkt über das Gerücht nach und geht auch zum Bären. »Stehe ich in deinem Buch?« Der Bär blättert und sagt: »Ja, Dachs, hier stehst du.« Der Dachs geht in seinen Bau und wurde nie mehr gesehen.

Der Spatz flattert hin und her und fliegt schließlich auch zum Bären. »Stehe ich auch in deinem Buch, Bär?« Der Bär blättert erneut und sagt: »Ja, hier stehst du.« Der Spatz überlegt einen Moment und fragt dann: »Bär, kannst du mich da rausstreichen?« Darauf der Bär: »Ja, na klar, kein Problem!«

Worin liegen die Schutzfunktionen von Humor für Trauernde und Begleiterinnen?

Im individuellen psychischen Bereich

»Nichts ist mehr geeignet, Distanz zu schaffen, als der Humor« (Viktor Frankl). Trauernde können in für sie besonders belastenden Situationen durch Humor Abstand gewinnen. Auf diese Weise können eine kurze Ablenkung und Entspannung – sozusagen »Kurzferien vom Sich-betreffen-Lassen« (Müller 2004) – ein Durchatmen, auch ein Lächeln oder sogar Lachen möglich werden. Nicht selten sind die Trauernden danach über sich selbst erschreckt: »Wie konnte ich nur so lachen? Ich darf doch nicht lachen, denn ich bin doch so traurig.«

Trauerbegleiterinnen, die Humor, Heiterkeit und auch Lachen nicht vor der Tür lassen, sondern bewusst in ihre Tätigkeit mit hineinnehmen, eröffnen Betroffenen und sich selbst den Raum, diesen elementaren Aspekt des menschlichen Lebens zu erfahren. Sie können dabei sensibel das »schlechte Gewissen« der Trauernden, wenn diese sich selbst beim Lachen oder Fröhlichsein ertappen, thematisieren. Sie kapitulieren nicht sprachlos vor dem Tod, dem Ende jeglicher Lebendigkeit, sondern setzen an geeigneten Stellen – ausgehend von Äußerungen der Trauernden – mit Humor behutsam ein Gegengewicht.

In belastenden Situationen komische Elemente wahrzunehmen und darauf adäquat reagieren zu können beziehungsweise zu dürfen, ermöglicht einen Perspektivenwechsel und kann so vielleicht auch neue Denk- und Handlungsoptionen eröffnen.

Martin (2001) unterscheidet adaptive (verbindende oder selbststärkende) und maladaptive (aggressive oder selbstentwertende) Humortypen. Dabei beinhalten die adaptiven Humortypen als positive Bewältigungsform ein erhebliches protektives Potenzial. Humor zu haben schützt in diesem Sinne zwar nicht vor schmerzhaften Verlusten, aber er kann bei der Bewältigung hilfreich sein, indem eine humorvolle Perspektive selbst unter Stress und Belastungen eingenommen wird.

Wild (2012) unterstreicht diese Funktion: »Die Beschäftigung mit humorvollen Inhalten kann vom Nachdenken über innere Konflikte oder Schwierigkeiten ablenken (im Sinne von therapeutisch oftmals eher negativer Vermeidung). Andererseits kann dieser Mechanismus aber auch helfen, das oft erfolglose innere Wiederkäuen von negativen Wahrnehmungen, Selbstvorwürfen oder Ängsten zu unterbrechen. Wo Distanzierung gewünscht ist, ist Humor ein probates Mittel.«

Auch Freud beschreibt in seiner Erleichterungs- und Entspannungstheorie des Humors

Den Schutzfaktor Humor zu nutzen bedeutet für Trauernde und für Trauerbegleiterinnen, sich auch heitere Momente zu erlauben.

die Möglichkeit, sich durch Heiterkeit vorübergehend dem Erleben von Leid zu entziehen. In diesem Sinne dient Heiterkeit auch zur seelischen Reinigung (Katharsis), in dem sie hilft, belastende seelische Erregung abzubauen.

> Eine Mutter, die ich länger therapeutisch begleitete, erzählte mir (M. S.) schmunzelnd wenige Wochen nach dem Tod ihres schwer behinderten 21-jährigen Sohnes: »Wissen Sie, ich vermisse ihn so sehr. Dann sage ich mir aber, andere Jungs ziehen in dem Alter doch auch von zu Hause aus!«

Im zwischenmenschlichen kommunikativen Bereich

Humor kann helfen, Sprachlosigkeit zu durchbrechen und damit dem zunächst Unaussprechlichen Ausdruck zu verleihen. Adäquat eingesetzter Humor ermöglicht und unterstützt eine angstfreiere, offenere Kommunikation in wohlwollender Gesprächsatmosphäre.

Der Ausspruch »Ein Lächeln ist die kürzeste Entfernung zwischen zwei Menschen« (Victor Borge) macht die soziale Bedeutung von Humor und Heiterkeit deutlich. Zu den wichtigen Faktoren in der Gestaltung von Beziehungen gehört zweifellos der Sinn für Humor.

Hirsch (2001) hat fünf Stufen des Phänomens Lachen beschrieben, die Begleiterinnen helfen können, die individuellen Möglichkeiten der Trauernden, Humor zu verstehen und adäquat darauf zu reagieren, zu erkennen und zu unterscheiden (zitiert nach Bischofberger 2008, S. 41):

1. nicht lachen können (ein Mensch kann aufgrund seiner individuellen Vorerfahrungen das Erlebte in der aktuellen Situation nicht lustig finden);

2. über andere lachen können (ein Mensch lacht über Missgeschicke anderer);
3. über mich selber lachen können (wichtige Stufe in der Persönlichkeitsentwicklung);
4. andere dürfen über mich lachen (weiterer Reifungsschritt, Vorbild Clown);
5. gemeinsam mit anderen über mich selbst lachen.

Eine Trauernde hatte innerhalb weniger Wochen zuerst ihre leicht demente Mutter und dann den sechsjährigen Sohn verloren. Beide waren nacheinander im gleichen Grab bestattet worden. Die Trauernde überwand ihre und die Sprachlosigkeit der Trauerbegleiterin angesichts ihres unermesslichen Leids, als sie hoffend feststellte: »Es tröstet mich zu wissen, dass Benjamin nun auf meine Mutter aufpasst, denn er kannte sich im Dorf schon ganz gut aus und meine Mutter kann ihn jetzt – wo ich es nicht mehr kann – oft knuddeln und liebhaben. Und dann stelle ich mir die beiden zusammen im Himmel vor.«

Zusammenfassend kann festgehalten werden:

Die Situation eines trauernden Menschen mit Humor zu betrachten bedeutet nicht, ihren Ernst in Abrede zu stellen. Allerdings kommt es dabei in der Begleitung immer auf die jeweils adäquate (situations- und trauerspezifische) »Dosis und Applikation« des Humors an. »Wer Humor hat, muss nicht notwendig optimistisch sein. Er kann einverstanden sein mit Fragilität, Verfall und Tod«, betont die Psychoanalytikerin Brigitte Boothe (2007). Das Komische und das Lachen können dann ein mögliches Ventil für angestaute Wut, Verzweiflung oder Angst in der Trauer sein.

Den Schutzfaktor Humor zu nutzen bedeutet für Trauernde und für Trauerbegleiterinnen, sich auch heitere Momente zu erlauben. Begleiterinnen können aber darüber hinaus Humor bewusst zur Distanzierung einsetzen und so den Trauernden gelegentlich zu einer kurzen Auszeit verhelfen.

Dipl.-Psych. Margit Schröer war 30 Jahre leitende Psychologin einer großen Kinderneurologie und hat in dieser Funktion die Familien mit lebensverkürzend erkrankten Kindern therapeutisch begleitet, sie ist Gründungsmitglied einer ambulanten Hospizgruppe und seit 20 Jahren in deren Vorstand, sie ist seit mehr als 10 Jahren in klinischen Ethikkomitees mehrerer Krankenhäuser tätig und wissenschaftliche Mitarbeiterin am Institut für Ethik und Kommunikation im Gesundheitswesen an der Universität Witten/Herdecke.

E-Mail: info@medizinethikteam.de

Dr. med. Susanne Hirsmüller ist Fachärztin für Gynäkologie und Geburtshilfe, M. Sc. Palliative Care (Universität Freiburg), Psychonkologin, Medizinethikerin und leitet seit 2006 das Hospiz am Evangelischen Krankenhaus in Düsseldorf. Außerdem ist sie ehrenamtlich im Vorstand einer Hospizgruppe tätig.

E-Mail: susanne.hirsmueller@evk-duesseldorf.de

Literaturhinweise

Aurnhammer, K., Kern, M., Hirsmüller, S., Schröer, M.: Humor in der Palliativmedizin – ein lebensnotwendiges Therapeutikum? Zeitschrift für Palliativmedizin, 2010, 11, 276–282.

Bischofberger, I. (Hrsg.): Das kann ja heiter werden. Humor und Lachen in der Pflege. 2. Auflage. Bern 2008.

Bonanno, G. A.: Die andere Seite der Trauer. Verlustschmerz und Trauma aus eigener Kraft überwinden. Bielefeld 2012.

Boothe, B.: Prächtige Selbstdarstellung und humoristischer Scharfblick. In: Bachmaier, H. (Hrsg.): Humorstrategien. Lachen macht stark. Göttingen 2007, S. 46–56.

Karpawitz, J., Berenbrinker, U.: Humorkompetenz. In: Bachmaier, H. (Hrsg.): Humorstrategien. Lachen macht stark. Göttingen 2007, S. 83–95.

Klein, A.: The courage to laugh. Humor, hope and healing in the face of death and dying. New York 1998.

Martin, R. A.: Humor, laughter, and physical health: methodological issues and research findings. Psychological Bulletin, 2004, 127 (4), S. 504–519.

Müller, M.: Dem Sterben Leben geben. Gütersloh 2004.

Titze, M., Eschenröder, C. T.: Therapeutischer Humor. Grundlagen und Anwendungen. 4. Auflage. Frankfurt a. M. 2003.

Wicki, W.: Humor und Entwicklung. Eine kritische Übersicht. Zeitschrift für Entwicklungspsychologie und Pädagogische Psychologie, 2000, 32 (4), S. 173–185.

Wild, B.: Humor, Gesundheit und psychische Erkrankungen – ein Beipackzettel. In: Wild, B. (Hrsg.): Humor in Psychiatrie und Psychotherapie. Neurobiologie – Methoden – Praxis. Stuttgart 2012, S. 47–65.

Der Einfluss von Humor auf das soziale Klima hilft somit auch, die Bereitschaft zur gegenseitigen Unterstützung von Arbeitnehmern und Arbeitnehmerinnen zu erweitern, und ermöglicht eine Atmosphäre gegenseitigen Vertrauens.

Burnout und Humor

Wolfgang Lalouschek

Ein bisschen glücklicher bitte …
da schöpfen Sie Hoffnung!
(Nikolaus Harnoncourt bei der Orchesterprobe)

»Der Humor ist ein menschliches Organ, das irgendwo zwischen der Leber und der Tränendrüse sitzt, ganz in der Nähe seines Nachbarorgans, der Phantasie. Kürzlich hatte ich Gelegenheit, mich mit Gott über seine Schöpfung zu unterhalten, und da hat er mir gesagt, wie stolz er auf diese beiden Organe sei, die er dem Menschen eingepflanzt habe, und wie enttäuscht er sei, dass wir nicht mehr Gebrauch davon machen, denn er hätte sie dem Menschen gegeben, wie den Katzen die Krallen, nämlich um sich in der feindlichen Welt zu behaupten« (Franz Hohler, Schweizer Kabarettist und Autor).

Burnout und Humor – Geht das zusammen?

Als mich vor einiger Zeit Dorothee Bürgi nach einem Artikel zu »Humor und Burnout« fragte, habe ich gleich erfreut zugesagt. Wenngleich ich bislang in den Jahren der Begleitung von Burnout-Betroffenen nicht explizit über dieses Thema nachgedacht hatte, so schien es mir doch gut zu unserem Verständnis der Begleitung und der Beziehung zu unseren Klienten und Patienten zu passen. Eine ganz grundsätzliche Lebensfreude und positive Einstellung – trotz aller Belastungen – sind doch auch die Ingredienzien, die wir vermitteln möchten – so dachte ich.

Als ich jedoch begann Literatur zu dem Thema zu suchen, folgte eine gewisse Ernüchterung. Je mehr ich mich mit dem Thema bewusst auseinanderzusetzen begann, umso humorloser fühlte ich mich. Wenig ansprechenden Buchumschlägen folgten trockene Ausführungen, wie gesund Lachen doch sei, und lahme Witze, deren Esprit sich mir lesenderweise so gar nicht erschießen wollte. Warum war das so?

Dieser Gedanke führte mich zu einigen grundsätzlichen Kennzeichen, die mein persönliches Bild von Humor prägen. Das erste davon ist sein spontanes Auftreten. Humor als geplante Intervention, mit viel Hintergrundwissen über seine Entstehung und Auswirkungen, schien mir fremd. Das zweite ist der enge Kontext zu der Situation, in der Humor auftreten und passend sein kann. Mir theoretisch vorzustellen, wie ich Humor »einsetzen« könnte, fühlte sich so an, als wolle man eine lockere und spontane Improvisation bestimmten Regeln und Strategien unterwerfen. Und obwohl es für meine Klienten im Gespräch mit mir sicher immer wieder humorvolle Situationen gibt, wollte mir kaum eine konkrete davon einfallen. So flüchtig, wie man eben eine improvisierte Melodie nach drei Tagen auch nicht mehr wiedergeben kann. Das dritte Merkmal ist die sichere und – bei allem professionellen Kontext – liebevolle Beziehung zu meinen Patienten. Ohne dieses Fundament kann Humor – dem Titel dieses Themenhefts entsprechend – tatsächlich zerstörerisch und verletzend sein. Im Lesen über Patienten, die ich nicht kannte, war dieses Gefühl für mich auch nicht spürbar und der beschriebene »Humor« in den Dialogen ziemlich theoretisch.

Nun habe ich mittlerweile dazugelernt und mein persönliches Bild von Humor in der Begleitung von Menschen etwas erweitern und ändern dürfen. Zum einen merkte ich, dass unter dem Begriff »Humor« oft verschiedene Aspekte vermischt werden. Zum anderen erlaubt die Dif-

Leidfaden, Heft 4/2013, S. 16–21, © Vandenhoeck & Ruprecht GmbH & Co. KG, Göttingen, 2013, ISSN 2192–1202 ferenzierung dieser verschiedenen Aspekte eine bessere Beurteilung ihrer Einsatzmöglichkeiten beim klinischen Bild von Burnout.

Die Kennzeichen und Entstehungsbedingungen von Burnout

Burnout ist gekennzeichnet durch folgende Kernsymptome:

- emotionale Erschöpfung als eine verminderte bis aufgehobene Fähigkeit, positive Gefühle zu empfinden;
- zunehmende Ineffizienz und Leistungsminderung und
- eine grundlegend negative Einstellung den Menschen gegenüber, mit denen man es (beruflich) zu tun hat (»beruflich« deswegen in Klammern, da Burnout generell stark mit beruflicher Belastung assoziert wird, im Alltag aber sehr häufig Mehrfachbelastungen ausschlaggebend sind).
- Weiters findet sich eine Häufung von Symptomen auf der Ebene des Körpers: Herz/Kreislauf, Magen/Darm, Immunsystem, Schlafstörungen, Schmerzen, Störungen der Sexualität;
- kognitive Symptome: Störungen von Konzentration und Merkfähigkeit, Verlust von Kreativität und Entscheidungsfreude;
- emotionale Symptome: depressive Stimmungslage, Nervosität und Unruhe, Angstzustände und Panikattacken, Gereiztheit, innerer Kontaktverlust zu Mitmenschen;
- Verhaltenssymptome: anfangs vermehrte Aktivität, später Leistungsminderung, Rückzug, Fehlleistungen und Suchtverhalten.

Praktisch bei jedem fortgeschritteneren Burnout findet sich eine depressive Symptomatik. Dennoch sind Burnout und Depression nicht gleichzusetzen. Im Vergleich zur Depression ist Burnout als ein Zustand zu betrachten, bei dem es auf dem Hintergrund einer langdauernden Überbelastung (oder Fehlbelastung; dazu weiter unten) zu einer über Monate und Jahre dauernden schleichenden Entwicklung geht. Diese nimmt ihren Anfang – bestärkt durch Persönlichkeitsmerkmale wie Streben nach Anerkennung (Liebe) durch Leistung, Perfektionismus, Schwierigkeiten, dabei fremde Hilfe anzunehmen, oder starkem Kontrollbedürfnis – meist in besonderem Einsatz, geradezu Hyperaktivität, unter Vernachlässigung der eigenen Bedürfnisse. Erst später gesellen sich dazu eine zunehmende Verflachung des Lebens, der Verlust des Bezugs zu ehemals wichtigen Lebensbereichen und Aktivitäten sowie häufig die Verleugnung, überhaupt ein Problem zu haben. Zunehmende psychosomatische und emotionale Symptome bis hin zum totalen Zusammenbruch vervollständigen schließlich das klinische Bild.

Äußere Faktoren, welche diese Entwicklung begünstigen, lassen sich gut unter den Begrifflichkeiten »high demand/low influence« subsumieren – quantitative Überbelastung, Mangel an Kontrolle und Gestaltungsfähigkeit, Unfairness oder Mangel an Anerkennung. Zentral beteiligt an der Entstehung sind auch zwei miteinander eng verbundene Faktoren:

Zum einen ist es eine Arbeitswelt, in der die Aufgaben trotz Anstrengung bei gleichzeitiger dauernder Erreichbarkeit immer mehr zu werden scheinen. Dies ruft auf Dauer ein – biologisch gesehen durchaus sinnvolles – Gefühl der Sinnlosigkeit des eigenen Bemühens hervor. (Vergrößert sich der Abstand zur unter großer Anstrengung verfolgten Gazelle immer mehr, ist es ja durchaus sinnvoll, dass eine innere Stimme dem Jäger sagt: »Was du da tust, ist sinnlos, jage lieber ein anderes Ziel.«).

Zum anderen spielen Wertekonflikte zwischen den eigenen Werten und denen des Arbeitgebers oder der Gesellschaft an sich ein Rolle. Neben der Überbelastung kann somit in der Tiefe ein Mangel an innerer Zustimmung zum eigenen Tun (bzw. gegenüber einem Lebensweg, dem man sich eher passiv ausgesetzt fühlt) konstatiert werden. In einer solchen Situation können oberflächliche Maßnahmen – Ablenkung durch Konsum, »Belohnungen«, vermehrte Urlaube, Rücknahme des eigenen Engagements – nicht langfristig Erfolg zeitigen, ja im Gegenteil, die Situation noch verschlechtern, da es zur zunehmenden Entfremdung vom eigenen Tun bis hin zur inneren Emigration kommt. Ein zwar nachvollziehbarer, doch letztlich dysfunktionaler Schutz- und Vermeidungsmechanismus.

Die Begleitung von Menschen mit Burnout sollte grundsätzlich multiprofessionell erfolgen. Mögliche somatische und psychiatrische Differenzialdiagnosen sind ebenso zu klären wie die Notwendigkeit einer psychotherapeutischen Behandlung – speziell bei schwereren Fällen wie beispielsweise einer zugrunde liegenden Traumatisierung. In vielen Fällen ermöglicht eine ziel- und lösungsorientierte Begleitung im Sinn eines Coaching – am besten mit medizinischer oder psychotherapeutischer Grundkompetenz – rasche Verbesserung von Coping-Strategien. Auf der Basis der Entstehungsgeschichte von Burnout mit dem Zusammenspiel intrapersoneller Stress-verschärfender Denk- und Handlungsmuster mit äußeren Belastungsfaktoren und einer anhaltenden vegetativen Stressreaktion kann Humor in der Begleitung und Prävention auf mehreren Ebenen hilfreich sein.

Humor hat viele Spielarten

Schon herzhaftes Lachen führt über neuroendokrine Wirkungen – nach einer anfänglichen vermehrten Ausschüttung von Adrenalin und Noradrenalin – zu einer länger anhaltenden vermehrten parasympathischen Aktivität. Dies erklärt einen Teil seiner entlastenden und stressreduzierenden Wirkung. Dieser Effekt ist übrigens nicht nur durch echtes Lachen auslösbar. Ebenso kann durch eine mindestens 30 Sekunden anhaltende lächelnde Mimik eine positivere Stimmungslage induziert werden. Und die durch eine ängstliche oder ärgerliche Mimik induzierten vegetativen Stressreaktionen können dadurch vermieden werden.

INTERFOTO / SuperStock

Humor reduziert negative Emotionen, die als Reaktion auf einen Stressor ausgelöst werden.

Humor kann aber auch bei der Relativierung bestimmter – vom Klienten als zwingend wichtig erachteter – Ziele hilfreich sein, wie sie gerade bei den typischen Hochleistungs-Burnout-Klienten häufig anzutreffen sind. Humor hilft so auch Situationen umzudeuten – zum Beispiel: »Der Glücksfall: Ein Spaziergänger, dem eine Taube das blütenweiße Hemd beschmutzt, denkt bei sich: ›Wie gut, dass Kühe nicht fliegen können.‹«

Humor mag sich auch als subversives Element gerade in Burnout-Situationen bewähren. Diese sind ja oft auch durch gesellschaftliche »Antreiber« angeheizt: Wir müssen immer schön, jugendlich, vital, sexy und entspannt sein und alle Belastungen souverän meistern und uns ständig mit anderen vergleichen. Ebenso finden wir oft eine Art kollektive »Massentrance« in Unternehmen, die alles, was im Unternehmen passiert, als extrem wichtig suggeriert und schon den Gedanken an die Möglichkeit eines Leben außerhalb des Unternehmens fast unmöglich macht. Humor kann hier helfen, diese Vorannahmen zu hinterfragen, einmal »gegen den Strich zu bürsten«, und so ihre Absurdität und Paradoxie zutage treten lassen. Immerhin haben wahrscheinlich zumindest einzelne Menschen auch außerhalb des eigenen Unternehmens überlebt.

Humor erlaubt es Personen auch, Fehler zu machen. Wenn Menschen zusammensitzen und sich über ihre größten Fehler oder schlimmsten Peinlichkeiten unterhalten und gemeinsam darüber lachen können, zeigt das neue Wege des Umgangs mit Fehlern.

Durch oft überraschende Perspektivenwechsel regt Humor auch sogenanntes divergentes und laterales Denken an und fördert somit Vorstellungsvermögen, Kreativität und geistige Flexibilität.

Hinreichend erforscht ist die starke Wirkung humoriger Ereignisse, die von außen auf Personen einwirken. Humor reduziert negative Emotionen, die als Reaktion auf einen Stressor ausgelöst werden. Die Tatsache, dass der Einsatz von Humor speziell *vor* einem unangenehmen Ereignis sowohl starke angstreduzierende Wirkung erzielt wie auch eine Steigerung positiver Stimmung hervorruft, kann gerade in belastenden Situationen hilfreich sein.

Im Kontext von Burnout sind auch die positiven Einflüsse von Humor auf das Arbeitsklima relevant. Der Förderung sozialer Unterstützungsprozesse als präventive Maßnahme kommt neben dem Abbau arbeitsbezogener Stressoren und der Erweiterung des Handlungs- und Entscheidungsspielraums große Bedeutung zu. Der Einfluss von Humor auf das soziale Klima hilft somit auch, die Bereitschaft zur gegenseitigen Unterstützung von Arbeitnehmern und Arbeitnehmerinnen zu erweitern, und ermöglicht eine Atmosphäre gegenseitigen Vertrauens, in der Einzelne keine Angst vor Fehler zu haben brauchen. Plato wird der Satz zugeschrieben: »In einer Stunde gemeinsamen Spielens kann man mehr über eine Person entdecken als in einem Jahr Konversation.« Dieser Effekt ist auch bei Betriebsausflügen gut zu beobachten.

Der Einfluss von Humor auf die drei Dimensionen des Burnout (Erschöpfung, Depersonalisierung, reduziertes Leistungsgefühl) wurde in einer Befragung von 284 Ausbildenden von Krankenschwestern erforscht. Das Ergebnis zeigt einen signifikanten Zusammenhang zwischen Humor und Depersonalisierung sowie persönlicher Leistungsfähigkeit. Personen mit hoch ausgeprägtem Sinn für Humor zeigen geringere Anzeichen von Depersonalisation und höhere Leistungsfähigkeit. Keine Verbindung ist zwischen dem Einsatz von Humor als Coping-Strategie und emotionaler Erschöpfung zu erkennen. Darüber hinaus bestätigt diese Studie, dass Personen in höheren hierarchischen Positionen mehr Humor benutzen.

Humor erlaubt auch in schwierigen und aussichtslos erscheinenden Situationen, das Gefühl der Kontrolle über die eigene Kraft zu erleben. Am Beispiel von Vietnam-Soldaten lässt sich die Bedeutung von Humor als Mittel für sehr individuelles Bewältigungsverhalten, als Methode der zwischenmenschlichen Kommunikation zur Unterstützung anderer und als Möglichkeit, Vertrauen in einem klar umschriebenen Bereich herzustellen, beweisen. Auch Viktor Frankl beschreibt die Funktion von Humor im Zusammenhang mit den enormen Belastungen des Holocaust als »*Waffe* der Seele im Kampf um die *Selbsterhaltung*«. Vietnam-Soldaten waren vieler Machtquellen beraubt und daher bestrebt, Kontrolle über so viele Situationen wie nur irgendwie möglich zu erhalten. Indem sie die Wirkung von Humor nutzten, bekamen sie das Gefühl, irgendetwas, nämlich ihre eigenen Ideen und Gedanken, kontrollieren zu können.

Humor als Haltung

Diese Beispiele führen uns zur allgemeineren Betrachtungsweise der Fähigkeit, humorvoll zu sein, als Teil einer positiven Lebenseinstellung. In diesem Sinn steht Humor für eine bestimmte Haltung, eine humorvolle Einstellung zum Leben, eine Tendenz zum humorvollen Verhalten und den Gefallen an humorvollen Reizen verschiedener Art. In diesem Sinne verstanden umfasst der Begriff auch eine Reihe grundsätzlich erlernbarer Fähigkeiten (im Gegensatz zum allgemeinen Sprachgebrauch, der Humor als eine Eigenschaft ansieht, die man besitzt oder eben nicht).

Die einzelnen Komponenten im Bereich des humorvollen Verhaltens beziehungsweise einer humorvollen Haltung sind grundsätzlich veränderbar: etwa die Fähigkeit, selbst humorvolles Verhalten zu initiieren oder über das humorvolle Verhalten anderer zu lachen; die Vorliebe für bestimmte Arten von Humor als ästhetische Ressource als auch die Fähigkeit, unter widrigen Umständen eine humorvolle Einstellung zum Leben zu behalten. Entsprechend sind auch Programme zur Verbesserung dieser einzelnen Komponenten und somit auch des gesamten Sinns für Humor entwickelt worden.

Als Beispiel kann das Humor-Training von McGhee genannt werden, das in sieben Stufen die Fähigkeit fördert, Humor an sich zu entdecken, humorvolle Situationen und Aspekte überhaupt wahrzunehmen oder Humor in schwierigen Situationen zu behalten. In diesem Training bekommen die Teilnehmer die Aufgabe – zunächst an guten Tagen –, eine spielerische Haltung zu kultivieren, mehr Zeit mit Tätigkeiten oder Gesellschaften zu verbringen, die öfter zum Lachen animieren, ihren verbalen Humor zu üben wie auch den Humor im Alltag zu finden.

Als letzten Eckpfeiler der Humorfertigkeiten üben die Teilnehmer die Fähigkeit, über sich selbst zu lachen, über die eigenen Fehler, Schwächen, Macken etc. Dazu sollen sie eine möglichst lange Liste von empfindlichen Punkten erstellen, bei denen es schwerfällt, sie heiter zu sehen, wie beispielsweise bestimmte körperliche Merkmale oder bestimmte politische Themen. Schon beim Schreiben der Liste beginnen manche der Teilnehmer zu lächeln, je länger diese wird. Nachdem all diese Fertigkeiten an guten Tagen geübt wurden, beginnt schließlich die Ausweitung der humorvollen Haltung auch auf stressreiche Tage und Situationen.

So kann ich abschließend feststellen, dass für uns alle und unsere Klienten die verschiedenen Aspekte des Humors wohl gerade in der Prävention von Burnout oder im Herauskommen aus einem Burnout so hilfreich sein können, dass ich hoffentlich bald über unsere Erfolge in der Implementierung dieser Aspekte in unserem Team und unserer Arbeit berichten kann! Anschließend an die Methode von McGhee kann vielleicht so geschlossen werden:

»Der Gefahr, dass die Götter über unser unaufhörliches Bemühen, Stolpern und Wiederaufstehen lachen, können wir vielleicht am besten vorbeugen, indem wir immer wieder auch über uns selbst lächeln können.«

Dr. Wolfgang Lalouschek, ao. Univ.-Prof. Mag., ist Facharzt für Neurologie und systemischer Coach (MSc). Er ist medizinischer Leiter des Gesundheitszentrums *The Tree* in Wien (www.thetree.at) und Geschäftsführer der Medical Coaching GmbH (www.medical-coaching.at). Schwerpunkte seiner Tätigkeit sind die Behandlung und Begleitung von Menschen mit Burnout und anderen Stress-assoziierten Erkrankungen, Coaching und Organisationsberatung für Krankenhäuser, Organisationen und Unternehmen. Vizepräsident der Österreichischen Gesellschaft für Arbeitsqualität und Burnout.

E-Mail: w.lalouschek@thetree.at

Literaturhinweise

Buber, R.: Humor und Burnout. Einflussfaktoren von Humor auf Burnout. Master Thesis Interdisziplinärer Universitätslehrgang für Sozialwirtschaft, Management und Organisation Sozialer Dienste. Wien 2002.

Hohler, F.: Göttliche Gespräche. In: Dimitri. Humor. Dornach 2000.

Falkenberg, I.: Humortraining mit psychiatrischen Patienten. Wild, B.: Humor in Psychiatrie und Psychotherapie. Neurobiologie, Methoden, Praxis. Stuttgart 2012.

Farelly, F., Brandsma, J. M., Petzold, E., Schneider-Gramann, G.: Provokative Therapie. Stuttgart 2009.

McGhee, P. Humor als Copingstrategie. In: Wild, B.: Humor in Psychiatrie und Psychotherapie. Neurobiologie, Methoden, Praxis. Stuttgart 2012.

Titze, M., Eschenröder C. T.: Therapeutischer Humor. Grundlagen und Anwendungen. 6. Auflage. Frankfurt a. M. 2011.

Humor und seine unbewussten Wurzeln

Arnold Langenmayr

Wissenschaftler haben die Angewohnheit, Dinge, die aller Welt klar erscheinen, zu hinterfragen und zu komplizieren. Warum jemand bei einem Witz lacht, warum in irgendeiner Runde gute, humorvolle Stimmung aufkommt, scheint zunächst sonnenklar. Man denkt nicht lange nach, sondern fühlt nur die Stimmung.

Aber warum lacht der eine bei dem einen Witz und ein anderer kann dabei keine Miene verziehen? Warum erscheint mir der eine Witz als ungeheuer lustig, der andere als eher langweilig oder gar geschmacklos? Warum kann man im einen Land über einen Witz lachen, in einem anderen würde man gar nichts daran finden oder ihn gar nicht verstehen? Was an einem Witz macht es genau, dass wir ihn als erheiternd empfinden? Wie muss er konstruiert sein, wie seine Entwicklung, um solche Effekte hervorzurufen? Und was macht eigentlich Lachen so ansteckend?

Wir sehen schon, so einfach wird die Angelegenheit doch nicht. Freud (1905) war wohl der erste, der sich die Dynamik beim Anhören eines Witzes psychologisch zu erklären versucht hat. Doch lassen Sie uns die Dinge vielleicht an zwei Beispielen entwickeln.

In einem netten kleinen Kreis erzählt jemand: »Wisst ihr, dass man jetzt auch schon in Fischstäbchen Pferdefleisch gefunden hat?« Die Zuhörer sind unangenehm erinnert an den jüngsten Pferdefleischskandal. Gut, dass man in Nahrungsmitteln wie Lasagne statt Rindfleisch zumindest zum Teil Pferdefleisch zugesetzt fand, ist ja schon schlimm genug. Die Erwähnung des Themas löst Gefühle von Ekel aus, auch von betrogen sein, ausgenutzt werden, finanziell über den Tisch gezogen werden, sich auf andere nicht verlassen können. Bei Pferdeliebhabern wird sich auch Mitleid mit ans Herz gewachsenen Tieren regen. Wir haben als Zuhörer damit zu tun, all diese negativen Gefühle niederzuhalten. Es sind Gefühle, die unangenehm sind, die (zum Teil) verdrängt sind. Mit der Tatsache, dass wir, um zu überleben, andere lebende Wesen töten und verzehren, jedenfalls die meisten von uns, haben wir uns in unserer Kindheit einmal auseinandersetzen müssen. Diesen Konflikt haben wir gelöst, indem wir nicht mehr an ihn denken, wir ihn ins Unbewusste abgeschoben haben, ihn nicht mehr zum Bewusstsein zulassen oder nur unter den oben beschriebenen höchst unangenehmen Gefühlen.

Leidfaden, Heft 4/2013, S. 22–25, © Vandenhoeck & Ruprecht GmbH & Co. KG, Göttingen, 2013, ISSN 2192-1202

Die Spaßigkeit von Witzen ist nicht nur individuell basiert, sondern hat auch soziale Wurzeln in größeren Gruppen, in national verdrängten Inhalten, im Zeitgeist.

Bestattungsgroßhandel / Peter Frischmuth / argus

Gerade jetzt, nachdem der Pferdefleischskandal richtig aktuell war, sind Zuhörer weit unangenehmer berührt, als dies vielleicht noch vor dem Skandal gewesen wäre.

»Ja, ganz genau«, fährt unser Erzähler fort, »in den Fischstäbchen hat man Fleisch von Seepferdchen gefunden.« Alle Umstehenden lachen, sind erleichtert, dass die andrängenden unangenehmen Gefühle sich erübrigt haben, entschärft worden sind, unsere Erwartung, mit Ekel und Wut konfrontiert zu werden und damit umgehen zu müssen, in sich zusammengefallen ist. Die hierfür reservierte Energie wird nun plötzlich nicht mehr gebraucht. Sie kann im Lachen abreagiert werden.

Nehmen wir ein anderes Beispiel. Der Lehrer fragt in der Schule den kleinen Peter: »Wie viel ist 6 x 6?« Der antwortet: »37«. Darauf der Lehrer: »Das ist doch unglaublich mit dir. Stell dich vor die Tür und bleib da eine halbe Stunde stehen.« (Das Beispiel stammt aus früheren Zeiten, wo dies noch üblich war.) Während Peter nun vor der Tür steht, kommt Fritz von der Toilette zurück und will an Peter vorbei ins Klassenzimmer. Er fragt: »Wieso stehst du denn hier draußen, Peter?« »Ach, der Lehrer hat mich gefragt, wie viel 6 x 6 ist.« »Na ganz einfach, das ist 36.« Darauf Peter: »Geh bloß nicht rein, ich hab schon 37 geboten.«

Was spielt sich hier beim Hörer ab? Die Erzählung beginnt mit dem mathematischen Versagen von Peter, so jedenfalls scheint es uns zunächst. Wir erinnern uns an Schulsituationen, in denen wir manches auch nicht konnten. Für manche von uns war gerade Mathematik ein schwieriges Fach. Wir erinnern uns an Situationen des Ausgegrenztwerdens, weil wir eine von uns gewünschte Leistung nicht erbringen konnten. Wir sind damit beschäftigt, schmerzhafte Gefühle niederzuhalten oder mit ihnen irgendwie umgehen zu müssen. Die völlige Uminterpretation der Situation durch Peter, der aus der Leistungssituation einen Bieterwettbewerb macht, entschärft die Lage, macht unsere Ängste, die mit früheren eigenen Schwierigkeiten in der Schule verbunden sind, überflüssig. Der vermeintlich Dumme, mit dem wir uns schmerzhaft identifiziert hatten, ist möglicherweise der Cleverere. Auch hier entsteht ein Energieüberschuss.

Lassen Sie uns das zweite Beispiel minimal abwandeln, um zu sehen, welchen Effekt dies hat: Wir machen aus Peter Petra und Fritz bleibt Fritz. Nun ist also Petra die Versagerin in Mathematik. Hier kommt nun zusätzlich die Mann-Frau-Dimension ins Spiel. Abwertung von Frauen als unmathematisch, technisch unbegabt und so weiter könnte aktiviert werden und entsprechend in der Pointe zusätzlich überflüssig werden.

Machen wir noch einmal einen Namenswechsel: Der Junge mit der missglückten Lösung heißt nun Moische und der andere Levi. Wir merken sofort, dass hier nun alle Ängste in Bezug auf die jüngere deutsche Vergangenheit durch die jüdischen Namen aktiviert werden. Auch hiermit wird mancher während des Aufbaus des Witzes zu kämpfen haben. Gefühle der Vorsicht, des Erschreckens mögen auftauchen. Umso erleichternder mag es empfunden werden, dass sich in der Pointe die missglückte mathematische Lösung als harmlose Geschäftstüchtigkeit herausstellt. Auf der Basis individueller Einstellungen könnte man sich aber auch gerade dadurch einen nicht so großen Entlastungseffekt vorstellen.

Nun beantworten sich auch schon einige der oben gestellten Fragen: Dass der eine unseren zweiten Witz besonders lustig findet, der andere weit weniger, hat etwas damit zu tun, dass der eine bei der Erwähnung von Schule oder speziell von Mathematik mehr Verdrängungsaufwand zu leisten hat als der andere.

In manchen Situationen, in manchen Gesellschaften oder zu manchen Zeiten mögen Witze humorvoller aufgenommen werden als sonst, was damit zusammenhängt, dass es sich um Situationen handelt, in denen der Inhalt des Witzes, sein Thema, mehr oder weniger Verdrängungsaufwand erfordert. Tobias Brocher, der ehemalige stellvertretende Leiter des Sigmund-Freud-Instituts in Frankfurt/Main, erzählte in einem Interview, dass nach 1945 die ersten Witze über Psychoanalyse in Deutschland keine Reaktion auslösten. Sie waren unverständlich, niemand hatte Erfahrungen mit den Belastungen und damit verbundenen Aggressionen, die eine Psychoanalyse naturgemäß auslöst. Entsprechend hatte auch niemand zu verdrängende negative Gefühle.

In einer Serie des polnischen Fernsehens über Sex in Europa wurden Liebespärchen der verschiedensten Nationen gezeigt. Das deutsche Pärchen zeichnete sich dadurch aus, dass der Mann beim Sex das Kommando gab: »1–2, 1–2, 1–2.« Für Polen eine sehr belustigende Angelegenheit, zu sehen, wie die Nation, die militärisch als so stark erlebt wurde, in Polen handstreichartig einmarschiert ist (Assoziationen, die das Thema zunächst auslöst), mit genau dieser militärischen Haltung sich jeden Spaß an dieser lustvollen Betätigung verdirbt, wie man selbst als kleine unterlegene Nation hier viel besser dran ist. Die Darbietung dieses Themas bei deutschen Zuhörern löst, wie ich selbst merken konnte, nur höflichkeitsbedingtes Lächeln aus. Die Entlastung durch die Pointe ist bei ihnen gering, da sie als zusätzliche Abwertung und nicht als Befreiung erlebt werden kann.

Die Psychoanalyse bietet also folgende Erklärungen für Witze und ihre Wirkung an: Im

Aufbau eines Witzes werden verdrängte Gefühle, Ängste, Motivationen angesprochen. Um diese im Unbewussten zu halten, wird Energie benötigt. In der Pointe wird dieser Aufwand hinfällig und die Energie wird im Lachen abgeführt. Im Witz findet sich eine Kombination unbewusster Fantasien, Abwehren, Wünsche und Über-Ich-Regungen (Silverman 1995).

Die Spaßigkeit von Witzen ist nicht nur individuell basiert, sondern hat auch soziale Wurzeln in größeren Gruppen, in national verdrängten Inhalten, im Zeitgeist (Wexler 2010).

Überblickswerke kommen zu dem Schluss, dass die psychoanalytische Theorie des Witzes eine der empirisch best abgesicherten ist: So ließ Kelling (1971) 39 Cartoons auf einer 10-Punkte-Skala bezüglich ihrer Witzigkeit einstufen. Sexuelle, aggressive und auf den Tod bezogene Cartoons wurden am lustigsten erlebt. Hier war der zunächst zu leistende Verdrängungsaufwand der größte.

Mit den genannten Überlegungen bietet sich auch eine Erklärung an für die vielfach behauptete gesundheitsfördernde Wirkung des Humors und des Lachens (Titze 1988): Wenn das Lachen der Befreiung von unterdrückten Affekten dient, so wird durch den Witz verdrängtes Material zunächst unter Ängsten bewusstseinsnäher, um anschließend durch die Pointe entschärft zu werden. Genau dies ist nichts anderes als ein therapeutischer Prozess.

Nun können wir uns zuletzt noch fragen, wie es kommt, dass wir Lachen als ansteckend empfinden, dass manchmal kleine gesellschaftliche Gruppen sich soweit in Gefühle des Belustigtseins hineinsteigern, dass sie nahezu über jede Kleinigkeit lachen und sich gar nicht mehr bremsen können. Die Psychologie führt den sogenannten Carpenter-Effekt (auch ideomotorisches Phänomen genannt) an. Er besagt, dass wir bei der Betrachtung des Gefühlsausdrucks unseres Gegenübers minimal auch selbst dieselben mimischen, gestischen und anderen körperlichen Reaktionen zeigen. Es ist sozusagen ein automatischer Ansteckungsprozess, dem wir unterliegen. Die neuere physiologische Forschung hat dies eindrucksvoll bestätigt: Die sogenannten Spiegelneuronen zeigen in der Magnetresonanztomografie genau die minimale Aktivierung der Gehirnregionen, die auch bei unserem Gegenüber für die gerade von ihm empfundenen Gefühle zuständig sind. Wir sind also schon auf der rein körperlichen Ebene sehr soziale Wesen.

Prof. Dr. Arnold Langenmayr ist Psychologe und Psychotherapeut. Er lehrt an den Universitäten Duisburg-Essen und Trier, arbeitet als Therapeut in eigener Praxis und ist Mitglied des Bundesverbands Trauerbegleitung e. V. Seine Arbeits- und Forschungsschwerpunkte sind Trauer, Trauerberatung, Familienkonstellation und Psychosomatik.

E-Mail: arnold.langenmayr@vr-leidfaden.de

Literaturhinweise

Freud, S.: Der Witz und seine Beziehung zum Unbewussten. Frankfurt a. M. 1905/1986.

Kelling, G.W.: An empirical investigation of Freud's theory of jokes. Psychoanalytic Review, 1971, 58 (3), S. 473–485.

Silverman, H. L.: An introduction to jokes and jokers. Psych-Critiques, 1995, 40 (9).

Titze, M.: Humor und Lachen: Spekulationen, Theorien und Ergebnisse der Lachforschung. Praxis Spiel + Gruppe, 1988, 1, S. 3–12.

Wexler, J. P.: Jokes and their relation to the unconscious in heart of darkness. Psychoanalytic Review, 2010, 97 (3), S. 469–482.

Glossar zu Humor und seinen Spielarten

Lukas Radbruch

»Humor ist – was man niemals hat, sobald man's definieret.«
(Rudolf Presber, 1906)

Humor

Humor ist zunächst eine Charaktereigenschaft, die in der Cloud-Intelligenz (Wikipedia) definiert wird als »Begabung eines Menschen, der Unzulänglichkeit der Welt und der Menschen, den alltäglichen Schwierigkeiten und Missgeschicken mit heiterer Gelassenheit zu begegnen«. In der Begleitung von Leidtragenden drückt sich diese Eigenschaft im Sprichwort »Humor ist, wenn man trotzdem lacht« aus.

Wenn Humor aber eine Begabung ist (man hat Humor oder man hat ihn eben nicht), sieht sich dann nicht der humorlose Mensch vor die Frage gestellt, ob diese Begabung überhaupt erlernbar ist oder ob er Krisen und Leid des Lebens ängstlich und unbewaffnet gegenübertreten muss?

Glücklicherweise ist Humor aber auch die Fähigkeit, ein Lachen hervorzurufen oder selbst zu lachen. Es gibt umfangreiche Forschungen, warum wir lachen. Patricia Keith-Spiegel (1972) fasst die Theorien des Humors in acht Kategorien zusammen:

- Biologische Theorien – Humor ist eine adaptive Disposition.
- Überlegenheitstheorien – wir lachen über andere, wenn wir uns überlegen fühlen.
- Inkongruenztheorien – Humor entsteht aus inkongruenten Situationen und Ereignissen.
- Überraschungstheorien – Humor erfordert plötzliche Überraschungen.
- Ambivalenztheorien – entgegengesetzte Emotionen oder Ideen führen zu Humor.
- Entlastungstheorien – Humor entsteht durch die Entladung von Stress oder Spannung.
- Konfigurationstheorien – Humor beruht auf der Auflösung von Inkongruenzen.
- Psychoanalytische Theorien – Humor entsteht aus der psychischen Energie, die durch und für die Repression aufgebaut wurde.

Da dürfte wohl für jeden etwas dabei sein. Humor ist nicht dasselbe wie Spaß oder Witz (oder Gewitzheit), und es kommt auf die Gemütslage und die Umstände an, was jeweils höher bewertet wird.

Schadenfreude (Wer zuletzt lacht, lacht am besten)

Als Schadenfreude wird die Freude über Missgeschick oder Unglück anderer Personen bezeichnet. Schadenfreude scheint also in besonderem Maß die Überlegenheitstheorien zum Humor zu unterstützen. Dazu passt, dass Schadenfreude auch dazu dient, Abweichungen von der Norm in der Gesellschaft zu bestrafen.

Schadenfreude kann damit auch der Kitt sein, der die soziale Gemeinschaft zusammenhält, allerdings in der gemeinsamen Abgrenzung der Zielperson. Der englische Anthropologe Nigel Barley (2000) drückt dies so aus: »Hat man den ganzen Tag damit verbracht, den ortsansässigen Teilnehmern an einem indonesischen Begräbnis abstruse und wenig überzeugende Erklärungen zu entlocken und eine auf denkbar wackligen Füßen stehende Brücke der Verständigung mit ihnen herzustellen, so braucht nur der herrlich gewandete Oberpriester zu stolpern und unter dem schallenden Gelächter aller Anwesenden der Länge nach in den Dreck zu fallen. Ein einziger zu-

Leidfaden, Heft 4/2013, S. 26–29, © Vandenhoeck & Ruprecht GmbH & Co. KG, Göttingen, 2013, ISSN 2192-1202

Liz Wright, A Kiss for Christmas, 1981/Private Collection/The Bridgeman Art Library

fälliger Blick, den man mit einem Dorfbewohner wechselt, genügt dann, die Gewissheit eines dennoch vorhandenen Grundkonsenses zu vermitteln. Zum ersten Mal an diesem Tage ist man sicher, sich gegenseitig zu verstehen.«

Witz

»Durch lange Studien habe ich herausgefunden, dass die einzig relevante Einteilung der Postmoderne lautet: Witzig oder nicht witzig!« (Kling 2010).

Ein Witz ist eine kurze Geschichte, die nach Aufbau eines Spannungsbogens mit dem Positionswechsel durch die Pointe eine plötzliche Entlastung bietet. Als Beispiel: Zwei ältere Männer spielen Golf am Sonntagmorgen. Am Golfplatz geht ein Begräbniszug vorbei, und der eine der beiden Männer bleibt stehen, nimmt seine Mütze ab und wartet, bis der letzte Teilnehmer um die Ecke verschwunden ist. Sein Mitspieler sagt: »Das ist aber wirklich pietätvoll von dir«, und erhält als Antwort: »Na ja, immerhin waren wir ja auch 35 Jahre verheiratet.«

Ironie

Als Ironie (griechisch *eironeia* – die Verstellung) wird eine Äußerung bezeichnet, die meist das genaue Gegenteil des Gesagten meint. Die ironische Äußerung sollte ernst vorgetragen werden, der Humor kommt zwischen den Zeilen daher.

Beim Begräbnis meines Großvaters wurde die anschließende Kaffeetafel von den Mitbewohnern des Altenheims ausgerichtet. Meine Großmutter war tief gerührt und sagte uns, dass sie gar nicht wisse, wie sie sich dafür bedanken solle. »Sag ihnen einfach, du hoffst, dass du dich recht bald revanchieren kannst«, erhielt sie zur Antwort.

Sarkasmus

Als Sarkasmus (griechisch *sarkazein* – zerfleischen) wird bitterer und beißender Spott oder Hohn bezeichnet. Sarkasmus kann ironisch ausgedrückt werden oder auch sehr direkt, aber immer ist die Absicht dahinter, das Ziel zu verletzen. Wird im OP-Saal das quer über den Patienten gespannte grüne Tuch, das den Arbeitsbereich der Anästhesie von dem Operationsbereich trennt, als »Blut-Hirn-Schranke« benannt, drückt dies eine klare Wertung aus.

Zynismus

Unter Zynismus (griechisch *kyon* – der Hund) wird die Haltung verstanden, die zentrale Normen und Moralvorstellungen in Frage stellt und für lächerlich hält. Während Ironie also ein Mittel ist, das mit unterschiedlichen Absichten eingesetzt werden kann, und Sarkasmus die Absicht, das Gegenüber zu verletzen, ist Zynismus die dahinter stehende Haltung. Ironie kann in der gesellschaftlichen Wertung sehr positiv bewertet werden, Sarkasmus und Zynismus werden in aller Regel nur als negativ dargestellt und empfunden. Zynismus kann aber auch einen guten Schutz bieten gegenüber äußeren Um-

NACHRUF

Unfassbar traurig und erschüttert nehmen wir
Abschied von unserem

SARKASMUS

Er war durch seine aufgeschlossene, unbekümmerte und liebenswürdige Art sehr beliebt und geschätzt. Seine stete Hilfsbereitschaft, seine Lebensfreude und nicht zuletzt sein Humor werden uns fehlen. Deine Freunde werden dich immer in Erinnerung behalten.

Seinen Angehörigen gilt unser tiefstes Mitgefühl.

ständen, die nicht beeinflusst werden können. Insofern ist es vielleicht nicht überraschend, wie viele Mitarbeiter in Krankenhäusern nach jahrelanger Erfahrung in der »Verwaltung des Mangels« zu routinierten Zynikern werden.

Satire

Satire benutzt Ironie, häufiger aber noch Übertreibungen, Parodien und Travestien, um auf offene oder verdeckte Missstände hinzuweisen. Satire soll durchaus verletzen, denn der Satiriker kämpft für seine Ideale. Er ist ein Weltverbesserer, der zum Erreichen seines Ziels alle verfügbaren Mittel, einschließlich der humoristischen, benutzt.

Schwarzer Humor

Der schwarze Humor zielt auf gesellschaftlich verwurzelte Tabus, darunter auch Sterben und Tod. Dabei werden diese Themen im Gegensatz zur ihrer Bedeutung in der Gesellschaft leicht oder sogar leichtfertig behandelt, und hieraus entsteht der Humor. Schwarzer Humor kommt wunderbar in allen möglichen Ableitungen in verschiedenen englischen Filmen zum Ausdruck, zum Beispiel in »Sterben für Anfänger« von Frank Oz oder »Grabgeflüster« von Nick Hurran. Schwarzer Humor ist oft an der Grenze zur Geschmacklosigkeit und überschreitet diese Grenze auch gelegentlich.

Prof. Dr. Lukas Radbruch ist Professor für Palliativmedizin an der Universität Bonn und Chefarzt des Zentrums für Palliativmedizin, Malteser Krankenhaus Bonn/Rhein-Sieg.
E-Mail: lukas.radbruch@malteser.org

Literaturhinweise

Barley, N.: Tanz ums Grab. München 2000.
Keith-Spiegel, P.: Early conceptions of humor: varieties and issues. In: Goldstein, J. H., McGhee, P. E. (Hrsg.), Psychology of humor. New York 1972, S. 3–39.
Kling, M.-U.: Das Känguru-Manifest. Berlin 2010.

Totenkopfreihe / Gerd Pfeiffer / voller Ernst

»Unsterblichkeit ist nicht jedermanns Sache« (Goethe)

Eckart von Hirschhausen

Wollen Sie wissen, an welchem Tag Sie sterben werden? Wohl kaum. Dann lesen Sie bitte nicht weiter. Denn ich weiß, an welchem Tag es wahrscheinlich ist. Genauer gesagt, wahrscheinlicher als an jedem anderen Tag. Und Sie kennen diesen Tag bereits! Es ist Ihr Geburtstag! In den »Annalen der Epidemilogie« – so heißt diese Zeitschrift tatsächlich, erschien ein Artikel: »Death has a preference for birthdays!« (Der Tod hat eine Vorliebe für Geburtstage). Analysiert wurden tausende von Datensätzen aus der Schweiz von 1969 bis 2008. Am eigenen Geburtstag zu versterben ist um 13,8 % wahrscheinlicher als an jedem andern der 365 Tage, die zur Auswahl stehen. Wie ist das zu erklären?

Ein Teil der Erklärung ist, dass wir noch auf etwas hinleben, bevor wir ableben. Dass wir auch geschwächt und dem Tode nahe noch einen gewissen Einfluss auf unseren Körper haben und erst dann den letzten Atemzug tun, wenn wir noch einmal mit unseren Liebsten auf das Leben angestoßen haben. Es gibt viele persönliche Geschichten und anekdotische Berichte, die das belegen, von Menschen, die noch »gewartet« haben, bis es zu einer bestimmten Begegnung oder einem Ereignis kam.

Den Todeszeitpunkt in gewissem Rahmen noch aufschieben zu können, trifft aber nur bei bestimmten Krankheiten zu, logischerweise bei denen, die nicht direkt zum Tod führen. Und das Hinauszögern scheint Frauen eher gegeben zu sein als Männern. Denn die Schweizer Statistiker stießen anhand der Todesursachen auf eine weitaus nüchternere Ursache-Wirkungs-Beziehung. Die Erklärung für die erhöhte Sterblichkeit am Geburtstag sind bei den Männern vor allem Stürze und Unfälle aufgrund des erhöhten Alkoholkonsums am Ehrentag!

Erschwerend kommt der Stress hinzu. Vor allem für die Tode durch Herzinfarkt oder Schlaganfall sind körperliche und seelische Überbelastung oft Auslöser. Schon lange weiß man, dass beispielsweise montags morgens mehr Herzinfarkte passieren als an einem Sonntag zur Kaffeezeit. Der Erwartungsdruck, am eigenen Geburtstag allen Besuchern gerecht zu werden, lässt auch den Blutdruck steigen. Und das haut bei entsprechender Vorerkrankung den Jubilar im wahrsten Sinne um. Der Sensenmann muss also gar nicht selber kommen, es reicht auch, wenn er eine Horde anstrengender Freunde und Verwandter vorbeischickt. Selbst wenn kein Besuch kommt und man alleine trinkt, erhöht das die Chance, böse zu stürzen. Oder noch schlimmer: sich aus Verzweiflung, dass keiner mittrinkt, das Leben zu nehmen, der gefürchtete »birthday blues«.

Gibt es ein bestimmtes Lebensjahr, an dem es wahrscheinlicher ist zu sterben? Amy Winehouse erlag ihrer Suchterkrankung zwar nicht an ihrem Geburtstag, wohl aber im 27. Lebensjahr. Und sofort tauchte in den Medien die Rede auf vom »Club 27«, der illustre Kreis von Musikern, die alle ihren 28. Geburtstag nicht mehr erlebten: Brian Jones, Jimi Hendrix, Janis Joplin, Jim Morrison und Kurt Cobain. Das konnte doch nun wirklich kein Zufall sein, oder? Ein Wissenschaftlerteam aus Freiburg nahm das Phänomen genau unter die Lupe. Sie nahmen sich die britischen Charts vor, verfolgten die Lebensläufe von allen, die jemals einen Hit auf Platz eins hatten, und siehe da: Der »Club 27« ist ein Mythos, er ist statistisch nicht nachweisbar. (So wenig übrigens

Leidfaden, Heft 4 / 2013, S. 30–34, © Vandenhoeck & Ruprecht GmbH & Co. KG, Göttingen, 2013, ISSN 2192-1202

wie das »verflixte siebte Jahr«. Viel mehr Leute trennen sich nach vier Jahren.)

Es stimmt, dass Musiker riskanter leben und früher sterben als der Rest der Bevölkerung. Dieser Effekt war in den exzessiven siebziger Jahren noch sehr viel stärker als heute. Zum einen wurde die Drogenherstellung offenbar professionalisiert, es gibt weniger gefährliche Beimischungen und missratene Rezepturen. Zum zweiten ist die medizinische Versorgung bei Überdosierungen und Vergiftungen verbessert worden, weil die Ärzte zum Teil Gegengifte haben und aus den Erfahrungen der letzten fünfzig Jahre gelernt wurde. Die Ärzte, die in den Siebzigern selber gekifft haben, sind inzwischen kurz vor der Rente und spielen für die Erstversorgung und die Nachtdienste keine Rolle mehr.

Doch gestorben wird durch Sucht immer noch sehr viel. Aber unter Musikern eben nicht um das 27., sondern eher um das 32. Lebensjahr herum. Man wird älter. Ob es für Beamte einen »Club 65« gibt? Ich weiß nicht, ob das schon mal jemand untersucht hat.

Im Judentum gibt es eine große Humortradition im Umgang mit Leid. »Gehst du zur Beerdigung vom Moshe?« »Wieso sollte ich, kommt er etwa zu meiner?«

»Unsterblich« wird man ja am leichtesten, wenn man in der Blüte seines Schaffens und seiner Jugend stirbt. Nur hat man selber so wenig davon. Friedhöfe sind voll von Menschen, die sich für unsterblich und unentbehrlich hielten. Einer der schönsten Friedhöfe, den ich kenne, ist der Kölner Melatenfriedhof. Dort hatte ich ein Interview mit Jürgen Domian, der ein sehr schönes Buch geschrieben hat: »Interview mit dem Tod«. Um zu sehen, wo wir uns treffen, schaute ich auf die Homepage des Friedhofes. Und musste das erste Mal lachen. Denn auf der Seite gab es Werbung, um den Internetauftritt zu finanzieren. Und von wem? »Umzugstipps« und Klingeltöne! Beides Dinge die man als frisch Verstorbener nicht wirklich braucht. Wobei in früheren Zeiten die Angst groß war, lebendig begraben zu werden. Und dafür gab es auch spezielle Särge, die eine Klingel hatten, die man von innen bedienen konnte. Damit ein irrtümlich für tot Erklärter sich noch bemerkbar machen konnte. Ich weiß nicht, wie oft diese Apparatur sich als nützlich erwiesen hat. Ich weiß nur, dass ich oft von Journalisten, die ein besonders persönliches Interview führen wollen, gefragt werde: »Was wünschen Sie sich, was man an Ihrem Grab über Sie sagt?« »Oh – er bewegt sich noch!« Das wünsche ich mir. Ganz im Sinne von Woody Allen möchte ich nicht im Gedenken der Menschheit weiterleben, sondern viel lieber in meiner Wohnung.

Auf dem Melatenfriedhof gibt es die »Millionenallee«. Dort liegen die Gebeine der Reichen, genauer gesagt, sie residieren. Denn so wichtig diese Personen für das gesellschaftliches Leben waren, so prachtvoll ist nach dem Ableben auch ein präsentables Weiterleben – zumindest der Bedeutung – organisiert. Es gibt Gruften, kleine Tempel oder richtige Paläste. Besonders praktisch gedacht hat eine Familie, die sich eine eiserne Klapptür über der Gruft anbringen ließ. Da ist man am Tag des Jüngsten Gerichts gleich vorn mit dabei und muss nicht warten, bis irgendjemand die Steine aus dem Weg bewegt.

Ein anderer sehr reicher noch lebender Unternehmer hat sich seine Gruft schon zu Lebzeiten gestaltet. Es ist ein Souterrain, ein kleiner Tempel, im Erdreich versenkt, mit einer großen Glasplatte als Decke. Eine seltsame Mischung aus Schneewittchen und Mantafahrer. Denn der Prunk wirkt prollig, so als ob man auch nach dem Tod vor allem eins noch weiter sein will: tiefer gelegt! Die Lüftung funktioniert auch schon, wie man an den sich leicht schüttelnden Pflanzen neben den Abzugsschächten sehen kann. Nehme an, so eine Gruft ist wie eine gute Flasche Wein – sie muss vor der Inanspruchnahme atmen.

Ich habe mich oft gewundert, wie viele schlechte und makabre Witze es über den Tod gibt. Der, wo der Arzt Fango verschreibt und der Patient

fragt, ob er davon wieder gesund würde. »Nein – aber sie gewöhnen sich schon mal an die feuchte Erde.« Es gibt auch gute Nahtod-Witze: Ein Fallschirmspringer ist gut aus dem Flugzeug raus, zieht die erste Leine – nichts passiert. Zum Glück gibt es ja noch den Rettungsschirm, und so zieht er schon leicht panisch die zweite Reißleine. Nichts passiert. Ungebremst rast er der Erde entgegen. Da plötzlich – er traut seinen Augen kaum – sieht er einen Mann, der ihm von der Erde aus entgegenfliegt. Seine Rettung? Er ruft ihm zu: »Reparieren Sie Fallschirme?« Der andere ruft zurück: »Nein, nur Gasleitungen!«

Ist Humor nur ein Mittel, um seine Angst nicht zu spüren, den Schmerz zu verdrängen? Oder ist es vielleicht mehr die Krücke, die uns manchmal auch das Unausweichliche erst erträglich macht? In allen Religionen wird Humor eingesetzt, um das Widersprüchliche im Leben zu erklären, ohne es auflösen zu können. Im Zen-Buddhismus meditiert man über unlösbare Rätsel, die sogenannten Koans: »Wie klingt das Klatschen einer Hand?« »Wenn ein Baum im Wald umfällt, und es ist kein Mensch in der Nähe, gibt es ein Geräusch?« »Und wenn ein Mann im Wald spaziert, und es ist keine Frau in der Nähe – ist er dann trotzdem im Unrecht?« Unlösbare Rätsel.

Im Judentum gibt es eine große Humortradition im Umgang mit Leid. »Gehst du zur Beerdigung vom Moshe?« »Wieso sollte ich, kommt er etwa zu meiner?« Und im Christentum gab es lange Zeit den Brauch des Osterlachens. Der Pfarrer

WILFRIED LOUVET/ONLYFRANCE.FR/images.de

In früheren Zeiten war die Angst groß, lebendig begraben zu werden. Und dafür gab es auch spezielle Särge, die eine Klingel hatten, die man von innen bedienen konnte.

musste zum Fest der Auferstehung mit der Gemeinde über den Friedhof laufen und alle zum Lachen bringen. Die Botschaft sollte sein: Der Tod hat nicht das letzte Wort, wir fürchten ihn nicht, denn wir glauben an etwas, das größer ist als er. Schade, dass es diese Tradition nicht mehr gibt.

Wenn ich einen Witz erzählen müsste, dann den folgenden, der gezeichnet noch lustiger ist als beschrieben: Bei einer großen Familie klingelt es, der Vater macht auf. Der Tod steht vor der Tür, schwarze Kutte, Sense, das ganze Paket. Allerdings ist der Tod nur 30 Zentimeter groß und geht dem Vater nicht mal bis zum Knie. Und noch ehe das Familienoberhaupt etwas fragen kann, sagt der Tod: »Ich komme, um das Kaninchen zu holen!«

Okay, einen hab ich noch: Ein erzkatholischer irischer Patriarch liegt auf dem Sterbebett und verkündet seiner verdutzten Familie, er habe noch einen letzten Wunsch: Er möchte konvertieren. Kopfschüttelnd wird der evangelische Pfarrer gerufen. Als der freudestrahlend das Haus verlässt, bedrängen ihn die Angehörigen, wieso er auf den letzten Stunden seinen traditionellen Glauben verrät. Daraufhin erklärt das Familienoberhaupt: »Ich dachte, es ist besser, es stirbt einer von denen!«

Epikur sagte sinngemäß: »Solange ich lebe, bin ich nicht tot. Warum also sollte ich mich über den Tod grämen? Und wenn ich tot bin, muss ich auch nicht mehr über den Tod nachdenken, macht dann auch keinen Unterschied.« Andere sagen, das ganze Leben sei nur eine Vorbereitung auf den Tod. Noch andere meinen, das letzte Hemd hat keine Taschen, was die Griechen sogar in der Tradition von Epikur dazu bewegt hat, Dinge auszugeben, die ihnen gar nicht gehörten. Was stimmt denn nun? Der systematische Fehler bei allen Gesprächen über den Tod besteht darin, dass man sie immer nur mit Lebenden führt. Oder wie der Bergmann zu sagen pflegt: »Vor der Hacke ist es dunkel!«

Ich wünsche mir für meinen Grabstein den Satz: »Ich hätte gerne eine zweite Meinung!« Oder: »Nur über meine Leiche.« Eins habe ich gelernt: Es gibt in der Medizin viele Fehldiagnosen. Der Pathologe weiß alles, aber zu spät. Alle Wissenschaft lebt aus dem Zweifel. Und deshalb zweifel ich auch an allen, die mit Gewissheit wissen, wie es nach dem Tod weitergeht.

Bei Hochzeiten fragt man sich doch immer, wer wohl der Nächste wird. Man wirft sogar den Brautstrauß. Warum macht man so was nicht auch bei Beerdigungen? Gut, keiner würde versuchen zu fangen. Aber heimlich fragen sich doch alle, wer ist der Nächste. Nur keiner spricht es aus, weil jeder Angst hat, am meisten Stimmen auf sich zu vereinen. Ohne Chance auf einen »recall«. Apropos Befangenheit: Ich habe eine Lebensversicherung. Und das Geld bekomme ich nur zu sehen im »Erlebensfall«, einer dieser absurden Versicherungs-Euphemismen, um das Wort »Tod« zu umgehen. Freunde von mir haben seit Jahren das Lebensmotto »Das Beste kommt noch!«. Und jetzt, wo beide über fünfzig sind, wird ihnen klar: Das Motto gilt bis zum Schluss! Und womöglich noch darüber hinaus. Die meisten Menschen haben keine Angst vor dem Tod, sondern vor einem langen und qualvollen Sterben.

Zum Glück gibt es inzwischen in Deutschland eine wachsende Bewegung für Hospize und Palliativmedizin. Ärzte und Pfleger, die den Tod nicht mehr als Beleidigung ihres Könnens ansehen, sondern als einen Teil des Lebens, den man gestalten und begleiten kann. Mit modernen Schmerzmedikamenten, viel menschlicher Nähe und spiritueller Begleitung. Im Kölner Mildred-Scheel-Haus ist jedes Zimmer so gebaut, dass jeder Sterbende aus seinem Bett in den Himmel schauen kann. Das ist weitsichtig und naheliegend gleichzeitig! Warum gibt es das nicht längst auf jeder Station? Es gibt schon Intensivstationen, bei denen an der Decke Bilder aufgehängt werden können. Immerhin.

Manchmal sind es so einfache Ideen, die einen großen Unterschied machen. Und einfache Sätze. Eine Zeile von Wiglaf Droste geht mir nie mehr aus dem Sinn, seit ich sie bei einem Konzert in der Berliner »Bar jeder Vernunft« gehört habe: »Seltsam, wie leicht man vergisst, dass alles, was du tust, für immer ist.« Ein Geburtstagslied, das mich schon als Kind irritiert hat, beinhaltet die Zeile: »Wie schön, dass du geboren bist/wir hätten dich sonst sehr vermisst.« Ich hab noch nie verstehen können, wie man etwas vermissen kann, was nie da war. Da fehlt doch sowohl die Phantasie als auch die Erinnerung. Und das ist auch der theoretische Trost im Tod. Wenn man sich nicht daran erinnern kann, wie es war, lebendig zu sein, wird man es hoffentlich auch nicht allzu sehr vermissen. Als wir einmal von *Humor hilft heilen* eine Studie über Kinderhumor unterstützt haben, blieb mir der Satz eines Sechsjährigen hängen, den kein Zen-Mönch schöner hätte formulieren können: »Man kann nie wieder etwas verlieren, wenn man weiß, wo irgendwo ist.«

Aus: Eckart von Hirschhausen, Wohin geht die Liebe, wenn sie durch den Magen durch ist? Reinbek: Rowohlt-Taschenbuch-Verlag, S. 331 ff.

© Frank Eidel

Dr. Eckart von Hirschhausen, geboren 1967, studierte Medizin und Wissenschaftsjournalismus in Berlin, London und Heidelberg. Seine Spezialität ist, medizinische Inhalte in humorvoller Art und Weise zu vermitteln, gesundes Lachen mit nachhaltigen Botschaften. Seit über 15 Jahren ist er als Komiker, Autor und Moderator in den Medien und auf allen großen Bühnen Deutschlands unterwegs. 2008 gründete er seine eigene Stiftung *Humor hilft heilen* für mehr gesundes Lachen im Krankenhaus.

www.hirschhausen.com
www.humorhilftheilen.de

Humor in Momenten der Trauer

Spitalclown Dr. Jo erzählt über seine Arbeit mit sterbenskranken Kindern

Aufgezeichnet von Anouk Holthuizen

Bevor ich 1996 für die Stiftung Theodora als Spitalclown Dr. Jo im Kinderspital Zürich und im Kantonsspital Winterthur zu arbeiten begann, war ich viele Jahre Zirkusclown. Doch dann kamen meine Kinder in die Schule, und ich wollte nicht mehr länger herumziehen. Eine Arbeit im Krankenhaus konnte ich mir erst nicht vorstellen. Clownerie, Krankheit und Tod – das passte für mich nicht zusammen. Als ich dann aber einen Spitalclown[1] bei der Arbeit sah, dachte ich: »Das ist es. Von denen braucht es noch viel mehr.« Als Zirkusclown trittst du vor einem anonymen Publikum auf, das zu dir kommt, um unterhalten zu werden. Das Spiel des Spitalclowns entsteht aus der Interaktion mit einem Kind, es ist keine Ich-Produktion. Das finde ich wahnsinnig schön. Jetzt trete ich nur noch selten auf Bühnen auf, das interessiert mich nicht mehr so. Heute weiß ich: Humor passt auch zu Krankheit und Sterben.

Bei meinen Besuchen treffe ich Kinder mit den unterschiedlichsten Beschwerden: einen Säugling mit Magen-Darm-Grippe, einen Teenager mit gebrochenem Bein und auch das sterbenskranke Kind. So bin ich regelmäßig in der onkologischen Abteilung unterwegs sowie bei Kindern, die sich nach einer Knochenmarktransplantation im Isolierzelt befinden. Vor jedem Besuch werden wir vom Pflegepersonal über den Gesundheitszustand der jungen Patienten informiert. Wir müssen wissen, ob ein Kind schwach ist oder ob bestimmte Hygienevorschriften gelten, der Zustand des Kindes bestimmt unseren Rhythmus.

Wenn ich erfahre, dass ein Kind keine Chancen mehr auf Genesung hat und in den nächsten Tagen sterben wird, nimmt mich das manchmal schon mit. Vor allem bei Kindern, die ich über lange Zeit besuchte. Da war zum Beispiel ein krebskranker Junge, dem ich mehrere Jahre lang im Spital begegnete und zu dem ich eine innige Beziehung aufgebaut hatte. Ja, ich »freute« mich sogar, wenn ich ihn wiedertraf, obwohl das ja hieß, dass es ihm schlechter ging. Als ich hörte, dass es nicht mehr lange geht, musste ich mich fest auf meine Rolle konzentrieren, um nicht seelisch ins Schleudern zu geraten. Ohne Distanz kann man nicht spielen.

Poesie statt Slapstick

Die schweren Gefühle legen sich in der Regel, sobald ich die Tür zum Zimmer des Jungen oder Mädchen öffne. Auch bei schwerstkranken Kindern begegne ich dann einem kleinen Lächeln, sehe ein kaum merkliches Leuchten in den Augen. Das ist meine Energiequelle, ab diesem Moment ist der Clown zu hundert Prozent da. Bei sterbenskranken Kindern mache ich ganz sanfte Sachen, da darf der Auftritt nicht laut sein. Ich setze mich zum Beispiel einfach mal vorsichtig ans Bett. Oder ich nehme eine große und eine kleine Mundharmonika aus den Taschen, die zusammen

Leidfaden, Heft 4/2013, S. 35–38, © Vandenhoeck & Ruprecht GmbH & Co. KG, Göttingen, 2013, ISSN 2192-1202

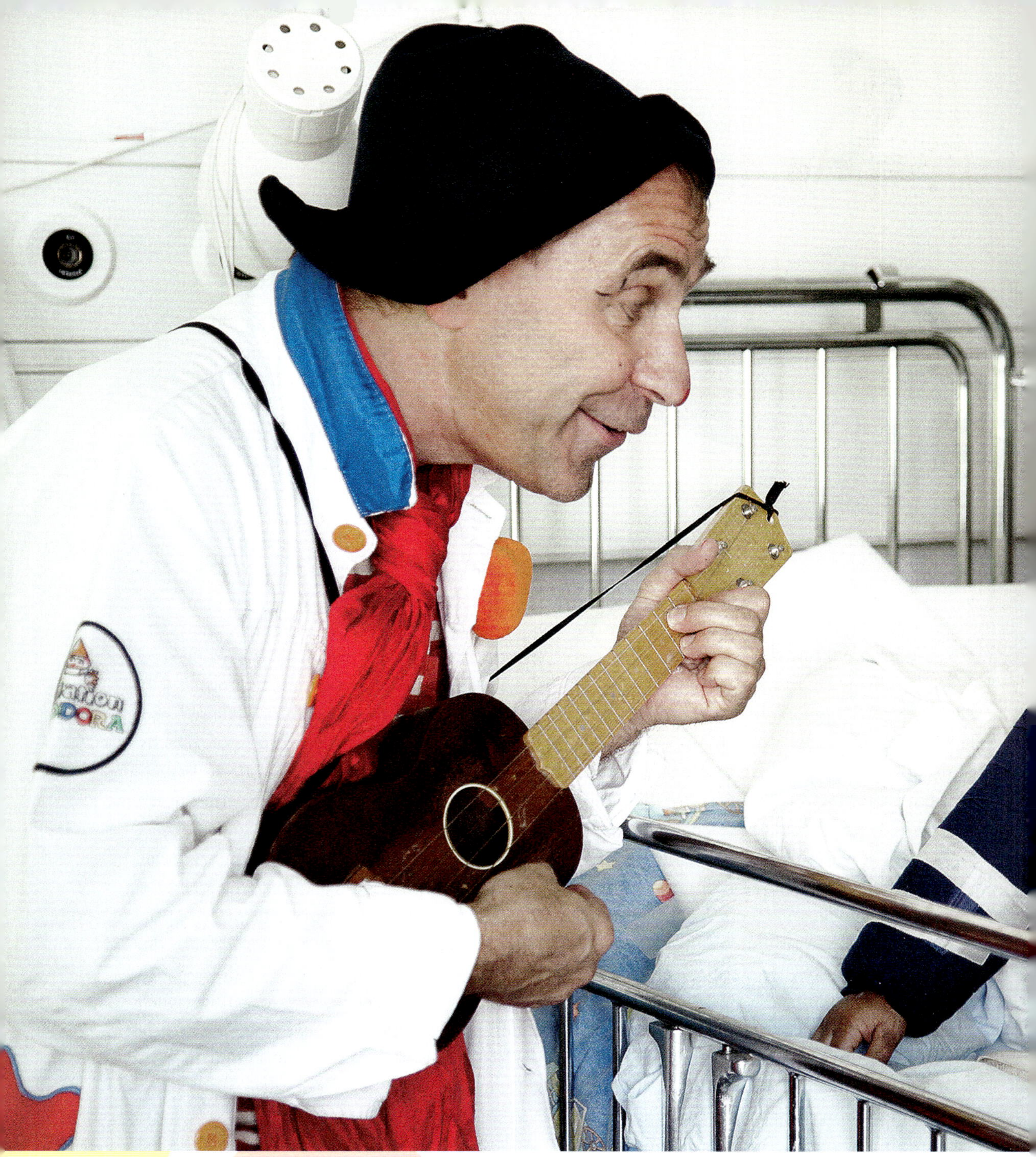

kommunizieren. Oder ich spiele auf meiner Ukulele, die ich immer dabeihabe – Musik ist enorm wichtig. Oder ich lasse bunte Tücher durch die Luft tanzen. Ich habe keinen Koffer voller Material dabei. Meine Instrumente – ein Ei, zwei Bananen, zwei quietschende statt quakende Frösche – stecken alle in den Taschen meines Kittels.

Manche, die unsere Arbeit nicht kennen, befremdet der Gedanke, dass ein Clown mitten ins Sterben platzt. Sie stellen sich Slapstick-Nummern aus dem Zirkus vor, wo einer dem anderen die Sahnetorte ins Gesicht drückt. Doch wir bewegen uns viel mehr im Bereich der Poesie und Magie und unterstreichen damit die Würde des Moments. Ich trage weder zu große Schuhe noch eine rote Pappnase, und mein Ziel ist es nicht, ein Kind in schallendes Gelächter ausbrechen zu lassen, sondern einen entspannten Moment zu schaffen – für das Kind, aber auch für die Eltern und Geschwister sowie für das Pflegepersonal. Für viele Kinder ist es belastend, die Eltern traurig zu sehen. Es tut ihnen gut, wenn ich die Eltern zum

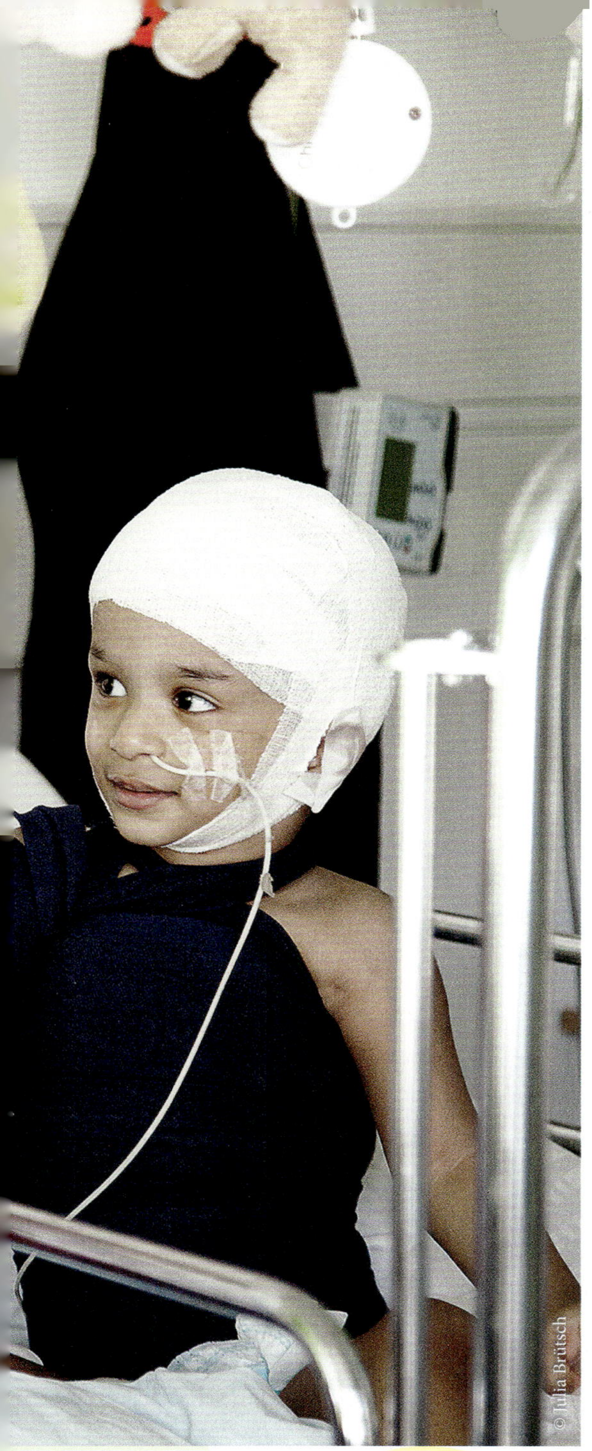

© Julia Brütsch

Schmunzeln bringe. Wer entspannt ist, kann mit der Situation besser umgehen. Angst macht zu und verhärtet. Entspannung hilft, der verbleibenden Zeit etwas Positives abzugewinnen und ihre Qualität zu verbessern. So hat unsere Arbeit eine Wechselwirkung unter den Betroffenen.

Einmal kam ich gerade hinzu, als ein Mädchen zum Sterben nach Hause geholt wurde. Ich kannte es von früheren Besuchen. Im Flur verabschiedeten sich alle von ihr, doch der Vater, der mir zuvor noch nie begegnet war, wollte nicht, dass ich, ein Clown, in diesem Moment hinzukomme und ebenfalls Adieu sage. Das musste ich respektieren. Ich blieb in einiger Entfernung stehen. Als sich das Mädchen nach mir umdrehte, winkte ich ihr. Sie winkte zurück. Das war ganz wichtig für mich. Hätte ich nicht auch Abschied nehmen können, hätte mich das wohl mehr belastet.

Mit dem Kittel die Gefühle ablegen

Die Tatsache, dass ich im Krankenhaus in einer Rolle stecke, hilft mir, emotionale Distanz zu wahren. Sobald ich meinen Kittel ausziehe und mich abschminke, kann ich auch die Gefühle wegpacken. Das gelingt meistens, aber nicht immer, denn das Komplexe an unserer Arbeit ist ja, dass wir einerseits viel Empathie für die Patienten haben müssen, andererseits innere Distanz halten, damit wir diese Arbeit überhaupt machen können.

Gespräche mit dem Pflegepersonal und die regelmäßige Supervision helfen bei der Verarbeitung, auch steht für Krisenmomente ein Psychologe der Stiftung Theodora zur Verfügung. Es ist wichtig, Emotionen zuzulassen, das besprechen wir auch in der Ausbildung intensiv. Wenn mich ein Besuch stark mitnimmt, setze ich mich schon mal einen Moment hin, bevor ich die nächste Zimmertür aufmache. Es kommt auch vor, dass ein Clown nicht mehr die Kraft hat, ein bestimmtes Kind zu besuchen. Dann übernimmt der Kollege – wir sind ja meistens in Teams auf einer Abteilung unterwegs. Es kann aber auch gerade andersherum sein: dass der letzte Besuch bei einem Kind so intensiv war, dass man es unbedingt wieder selbst besuchen will.

Es kommt vor, dass Spitalclowns zu privaten Anlässen der Familien eingeladen werden. Dies ist jedoch freiwillig, und jeder Clown entscheidet selbst, es gibt diesbezüglich keine Auflagen seitens der Stiftung. Ich war am letzten Geburtstag eines krebskranken Jungen, ein Kollege von mir nahm in seiner Rolle als Spitalclown an einer Beerdigung teil. Das passiert allerdings nicht oft.

Wer ausnahmsweise mal mehrere belastende Besuche in kurzer Zeit hatte, kann jederzeit eine Weile aussetzen. Um seelisch nicht zu stark an Grenzen zu kommen, besucht jeder Clown nur an zwei Tagen pro Woche Kinder in Krankenhäusern. Doch man darf nicht vergessen: Die meisten Kinder, die wir besuchen, gehen nach einer Weile wieder gesund nach Hause. Es kann sein, dass ich in einem Zimmer eine schwierige Lebenssituation antreffe, und im nächsten Zimmer herrscht ein lautes, fröhliches Chaos und das Kind ist für jeden Quatsch zu haben. Das versorgt uns mit der Energie, die wir für diesen Job benötigen.

Als Clown im intimsten aller Momente

Ich frage mich immer wieder: Geburt und Tod sind so intime Momente, darf ich da als Außenstehender, noch dazu als Clown, einfach hineinplatzen? Wird meine Arbeit dieser intensiven Situation gerecht? Die Erfahrung zeigt: Ja. Da war zum Beispiel ein vierzehnjähriger sterbenskranker Junge, der niemanden sehen wollte. Als ich an seine Tür klopfte und fragte, ob ich hineinkommen darf, nickte er. Ich wusste, er mag Eiscreme. Auf ein Papier zeichnete ich ihm ein Eis und sang ein Lied. Ich spürte, wie er und seine Angehörigen sich entspannten. Einige Stunden nach diesem Besuch fiel er ins Koma und starb. Als ich der Mutter eine Woche später im Spital begegnete, bedankte sie sich bei mir dafür, dass sie ihren Sohn in den letzten Stunden seines Lebens mit einem Lächeln sah.

Solche Rückmeldungen bekomme ich immer wieder. Sie helfen mir, den Tod eines Kindes zu verarbeiten, und sie zeigen mir, dass unsere Arbeit wichtig und richtig ist. Es ist für mich ein Privileg, dass ich in diesen existenziellen Momenten dabei sein darf. Sie sind sehr intensiv, sehr reich und trotz des traurigen Umstands schön.

Als jemand aus meinem persönlichen Umfeld starb, gelang es mir übrigens nicht, entspannte Momente am Krankenbett zu kreieren – obwohl ich ja um deren Kraft weiß. Aber ich hatte einfach zu wenig Abstand. Als eine Pflegerin hereinkam und zum Sterbenden sagte: »So, wachsen Ihnen schon Flügel?«, war ich ihr sehr dankbar. Sie vermochte damit unsere Anspannung zu lockern. Genau wie ich es als Spitalclown mache.

Humor, Lächeln ist nie am falschen Ort, denn Humor ist Kommunikation. Ich las mal den Satz »Man kann dem Leben nicht mehr Zeit geben, aber der Zeit mehr Leben«. Das machen wir. Wir machen in einem kurzen Moment eine gute Stimmung.

Die Stiftung Theodora verfolgt seit 1993 das Ziel, das Leiden von Kindern im Spital und in spezialisierten Institutionen durch Freude und Lachen zu lindern. Heute organisiert und finanziert die als gemeinnützig anerkannte Stiftung jede Woche den Besuch von 58 Spitalclowns in 51 Spitälern und spezialisierten Institutionen der Schweiz. Im Jahr 2012 schenkten die Spitalclowns schweizweit auf mehr als 84.000 Kinderbesuchen den kleinen Patienten Lachen und Momente des Glücks. Die Theodora-Spitalclowns sind inzwischen in acht Ländern unterwegs.

Johannes Zürrer, 53 Jahre, arbeitet seit 1996 im Auftrag der Stiftung Theodora als Spitalclown im Kinderspital Zürich und im Kantonsspital Winterthur. Seit fünf Jahren bildet er angehende Spitalclowns in der Schweiz und der Türkei aus. Er hat zwei erwachsene Töchter und lebt mit seiner Partnerin in Zürich.

E-Mail: redaktion@theodora.org

Anouk Holthuizen, 40 Jahre, studierte kulturelle Anthropologie an den Universitäten Zürich und Utrecht. Sie ist Journalistin und schreibt für verschiedene Schweizer Zeitungen und Magazine.

E-Mail: anoukholthuizen@gmail.com

Anmerkung

1 In der Schweiz wird das Wort »Spital« statt »Krankenhaus« benutzt. Die offizielle Bezeichnung lautet deshalb »Spitalclown«.

Humor – die Einwilligung, sich Haltgebendem zu überlassen

Aspekte zu Humor in Kierkegaards Stadientheorie

Dorothee Bürgi

Søren Kierkegaard (1813–1855) war ein dänischer Philosoph, dessen Biografie von vielen Schicksalsschlägen geprägt war. Ein Leben lang beschäftigte er sich mit Verzweiflung und der Frage, wie dieser zu entkommen sei. Doch philosophisch abgehobene Grundsätze haben ihm in seinem Leben nie geholfen – für ihn waren Lebensprobleme praktische Probleme des Einzelnen, eben die eigene Existenz betreffend. Für Kierkegaard ist Verzweiflung die Grundstimmung des Menschen und als Begründer der Existenzphilosophie hat er aufgezeigt, wie Wege aussehen können, um diese existenzielle Verzweiflung zu überwinden.

Es mag auf den ersten Blick überraschen, dass Humor ausgerechnet für Kierkegaard, dem Kenner in Sachen Verzweiflung, entscheidend ist für ein erfülltes Leben. Um seine Auffassung von Humor und die Bedeutung von Humor als existenziellen Erkenntnisprozess zu verstehen, ist es hilfreich, einige Aspekte des Denkens von Kierkegaard aufzuzeigen.

Wie sich zum Leben verhalten?

Kierkegaard beschreibt drei Stufen der Existenz: die *ästhetische*, die *ethische* und die *religiöse* Existenz – *Sinnlichkeit, Moralität* und *Glaube*. Damit meint er drei Lebensformen oder drei unterschiedliche Verhältnisse, wie sich der Mensch zum Absoluten, zu Gott, zum Ewigen, zum Ganzen der Welt oder zur Natur verhalten kann. Scheitern kann der Mensch angesichts des Absoluten in zweierlei Hinsicht: Er ist nur auf das Absolute bezogen und verliert dadurch den Bezug zu sich selbst oder er negiert das Absolute, wodurch er an Halt verliert. Nur wenn zwischen diesen beiden Polen ein Maß von Flexibilität vorhanden ist, können alle drei Existenzweisen, die Kierkegaard in seiner Stadientheorie beschreibt, gelingen.

Entwicklungen von einem Stadium in ein anderes geschehen nach Kierkegaard nicht durch ein gedankliches Verstehen, sondern – er nennt es den Sprung – durch ein qualitativ anderes Sichverhalten gegenüber dem Leben. Für Kierkegaard ist die Frage nach dem Wie des Sichverhaltens zentral. Dieses Wie ist nicht vorgegeben, denn Leben entzieht sich jeglicher sicheren Deutung – existenzielle Erfahrungen haben ihren Ort in der eigenen Lebenspraxis.

Das zeigt sich in Zeiten von Krise, Leid oder Trauer besonders deutlich. Sich selbst in ein Verhältnis bringen zum Verlust, zum Schicksal, zum erfahrenen Leid, kann nur subjektiv geschehen. Keine Vorgabe oder Erwartung von außen, keine gesellschaftliche Norm, wie man trauern sollte, was einem Halt geben müsste, wozu es sich lohnt, trotzdem weiterzumachen, kann die Betroffenen davon entlasten, sich persönlich dem Erlebten und Erlittenen zu stellen und sich zu ihm zu verhalten. Im Gegenteil: Jede Vorgabe – oft im Kleid impliziter Erwartungen, wie eine Krise zu »managen« ist, wie ein Verlust zu überwinden ist – geht am Respekt vor der Person vorbei. Gelungene Trauerprozesse beginnen mit der Zuwendung zu sich selbst in den wahrgenommenen Lebensbezügen, bevor eine Orientierung nach außen wieder möglich wird.

Leidfaden, Heft 4 / 2013, S. 39–43, © Vandenhoeck & Ruprecht GmbH & Co. KG, Göttingen, 2013, ISSN 2192–1202

Auch der ethisch lebende Mensch macht die Erfahrung, dass seine Autonomie nicht unbedingt ist und auch er in seinem Lebensentwurf mit Begrenztheit konfrontiert ist. Nicht alles kann er kraft seiner Freiheit realisieren.

Warum Ironie schmerzlich sein kann

Mit der ästhetischen Existenz beschreibt Kierkegaard den Genussmenschen. Für diesen zählt ein Leben in der Unmittelbarkeit, ausgerichtet auf das Schöne, das Materielle, das Verlockende im Hier und Jetzt. Nicht nur die Bedürfnisbefriedigung gestaltet er ästhetisch, so dass sie zu einem Genuss wird, er reflektiert sich auch in seinem Genusserlebnis und genießt sich so zusätzlich als Genießender. Er lebt sinnlich, lässt sich nicht wirklich auf die Dinge ein.

Da jede Bedürfnisbefriedigung, jeder Genuss vergänglich ist und Langeweile für ihn das Schlimmste ist, sucht er stets aufs Neue nach sinnlichen Vergnügen, ohne darin je eine eigentliche Erfüllung zu finden. Sein Lebensinhalt ist von Zufälligkeiten bestimmt, weil sich sein Leben in der Beliebigkeit des Augenblicks abspielt. Das macht den ästhetisch lebenden Menschen einsam und verzweifelt.

Die Entwicklung zum nächsten Stadium, dem ethischen, nimmt ihren Lauf, wenn der ästhetisch lebende Mensch die Oberflächlichkeit in seinem sinnlichen Begehren durchschaut und erkennt, dass er mit dem Prinzip der Sinnlichkeit den Lebenssinn nicht verwirklichen kann. In diesem Zwischenstadium – das alte hat an Gültigkeit verloren, das Neue ist noch nicht entwickelt, der Widerspruch zwischen Sein und Sollen ist offensichtlicher denn je – siedelt Kierkegaard die Ironie an. Man sagt etwas Ernstes und meint es doch nicht ernst – oder umgekehrt. Damit schafft der Ironiker nicht nur Distanz zu dem, was ihn sinnlich anspricht, sondern auch zu sich selbst. Von diesem neuen Standpunkt aus kann es gelingen, das ästhetische Spiel zu durchschauen und eine neue Form des Sichverhaltens zu entwickeln.

Soweit Kierkegaards Auffassung zur Ironie als Stilmittel. Im zwischenmenschlichen Kontakt und im Umgang mit Menschen in Krise, Leid oder Trauer ist das Distanzschaffende der Ironie problematisch. Ironie kann etwas Verletzendes beinhalten, denn sie ist auch Ausdruck der Beziehungslosigkeit zum Leben. Doch gerade Verbundenheit ist im Umgang mit Menschen in Krise, Leid oder Trauer notwendig und für die Betroffenen eine wichtige Brücke zurück in ihr eigenen Leben. Der ironische Satz »Es ist zu früh zum sterben, ich habe das Geld für eine schöne Beerdigung noch nicht beisammen« schafft Distanz, schützt vor der Wirklichkeit und vor der Erkenntnis der Vergänglichkeit. Der Ironiker ist kein greifbarer Gesprächspartner, er bleibt in der Rolle des Zuschauers – und damit mit dem Leben auf Distanz.

© Dorothee Bürgi

Trotzdem in Beziehung bleiben

Die ethische Existenz kommt in Reichweite, wenn der ästhetisch lebende Mensch erfasst, dass die Gründe für seine Einsamkeit und die Sinnleere nicht in den »Objekten seiner Begierde« liegen (immer mehr, immer spektakulärer, ohne jedoch damit den Lebenshunger stillen zu können), sondern darin, dass er sich selbst verloren hat in seinen Genusszielen und er dabei gar nicht er selbst ist: Nicht er selbst wählt, sondern die Attraktionen wählen *ihn*. Der ethisch lebende Mensch hat erkannt, dass er selbst eine Wahl treffen und über sein Leben entscheiden kann. Nicht Genuss und Besitz sind der Maßstab für sein Handeln, sondern Gut und Böse, Richtig oder Falsch. Anstelle des Prinzips der Sinnlichkeit steht nun das Prinzip der Moralität – was den Ästhetiker natürlich langweilen würde, kann er doch dann nicht spontan seiner sinnlichen Befriedigung nachgehen.

Doch selbst wenn der ethisch lebende Mensch die gleichen Ziele anpeilt wie der ästhetisch Ausgerichtete, liegt darin ein grundsätzlicher Unterschied: die freie Entscheidung darüber, was er wählt. Er handelt nicht danach, was seine Sinne anspricht, sondern danach, was für ihn ein gutes Leben in der Gemeinschaft ist. Anstelle des ausschließlich Individuellen steht bei der ethischen Lebensform das Wir. In der Begegnung mit anderen kann ein Selbst entstehen durch eine ethische Auseinandersetzung mit der Gemeinschaft. Man gewinnt sich selbst an der Aufgabe des ethischen Sichverhaltens im Dialog mit den anderen. Kierkegaard spricht in diesem Zusammenhang von der zweiten Geburt, bei der man sich nur selbst gebären kann – in seinen persönlichen Lebensbezügen, in Beziehungen zur Umwelt und im zwischenmenschlichen Austausch.

Humor ist ein tiefgreifender Erkenntnisprozess

Aber auch die ethische Lebensform hat ihre Krisenerscheinung. Dann, wenn der ethisch lebende Mensch erkennt, dass er einerseits in seiner Freiheit selbst verantwortlich ist für seine Lebensdeutung und dass er andererseits nicht völlig unabhängig ist von größeren, ihn umfassenden Zusammenhängen. Dieses Höhere und ihn Übersteigende ist für Kierkegaard Gott. Die Freiheit der Wahl zum eigenen Selbst – so wie es der ethisch lebende Mensch tut – hat also ihre Grenzen, wenn Gott nicht mit einbezogen ist. Da es Kierkegaard aber gerade darum geht, so zu leben, dass man sich selbst integer in all seinen Möglichkeiten zum Ausdruck bringt, gehört für ihn das Anerkennen der Abhängigkeit vom Göttlichen dazu.

Mit der Vernunft, die für den ethisch lebenden Menschen das Entscheidende ist, mit dem er zwischen Gut und Böse, Richtig und Falsch unterscheidet, lässt sich das Göttliche aber nicht fassen. Denn Glaube beginnt da, wo das Denken aufhört. Unter bestimmten Umständen ist der Gläubige sogar bereit, Gott über die Ethik zu stellen. Kierkegaard zeigt dies an der Geschichte von Abraham, der bereit wäre, seinen Sohn Isaak zu töten – entgegen jedem ethischen Verständnis –, weil Gott, an den er glaubt, dies von ihm verlangt. Ein solches Verhalten käme für den ethisch lebenden Menschen nie in Frage. Er schließt Gott mit seinem aufgeklärten ethischen Blick aus – er orientiert sich ja vorwiegend an den sich selbst gesetzten Maßstäben.

Aber auch der ethisch lebende Mensch macht die Erfahrung, dass seine Autonomie nicht unbedingt ist und dass auch er in seinem Lebensentwurf mit Begrenztheit konfrontiert ist. Nicht alles kann er kraft seiner Freiheit realisieren. Besonders deutlich wird ihm das bei Schicksalsschlägen, Verlusten oder leidvollen Lebensumständen, die dem Menschen oft schmerzlich aufzeigen, dass vieles im Leben nicht unter der Kontrolle der eigenen Einflussnahme steht – trotz der Autonomie, die sich der ethisch lebende Mensch mit seiner Befreiung vom sinnlichen Diktat des Ästhetikers errungen hat.

An diesen Punkt setzt der Sprung an zur nächsten Existenzform: die Existenz des Religiösen. Erfährt der ethisch lebende Mensch, dass sein Sein nicht über allem steht, dass seine Existenz zerbrechlicher und abhängiger ist als gedacht, versucht er es »mit Humor« zu nehmen; denn sich der eigenen Kleinheit bewusst zu sein, ohne sie abzuwerten, und sie dennoch dem unendlich Großen gegenüberzustellen, ist komisch. Oder anders formuliert: Beim Übergang zur religiösen Lebensform wendet sich der Mensch der eigenen Begrenzung zu und stellt sich als Winziger dem Unfasslichen gegenüber, ohne sich deswegen als unbedeutend zu erfahren. Auch das Gegenteil wird verhindert. Die Unbedeutsamkeit wird nicht idealisiert, im Stil von »es ist schon gut, wie es ist, und wenn ich dem nichts Positives abgewinnen kann, liegt der Fehler bei mir«. Vielmehr wird Humor zum Ausdruck dafür, dass Leben »trotzdem« möglich ist.

Leben – angesichts Gottes und der unüberbrückbaren Distanz zwischen dem Menschen und Gott – kann dennoch im Respekt vor der

Eigenwertigkeit gelingen. Darin liegt der Unterschied zu Unterwerfung und Entwertung angesichts der wahrgenommenen Nichtigkeit. So wie der Jude Samuel Kohn, der nach einem katholischen Priester rief, bevor er dann doch starb. Alle sind bestürzt, aber es ist der letzte Wunsch, und so holt man einen Pfarrer. Samuel wünscht sich auch noch getauft zu werden, der Priester führt die Zeremonie sofort durch. Danach fragen ihn alle: »Samuel, was soll das?« Samuel sagt: »Ich hab mir gedacht, wenn ich schon sterben muss, soll's wenigstens einen von denen erwischen!«

Humor – heilsam oder zerstörend?

Die Frage, die der Titel dieses Themenhefts – *Humor – heilsam oder zerstörend?* – aufbringt, würde Kierkegaard wahrscheinlich zugunsten des Heilsamen beantworten. Für ihn ist Humor der Übergang zu einem Selbstverständnis, das nicht nur in sich selbst gründet, sondern sich in Beziehung setzt zu dem den Menschen Übersteigenden. Humor ist so gesehen die Einwilligung, sich haltgebenden Strukturen zu überlassen. In diesem Sichüberlassen liegt die Möglichkeit zu Nähe-, Schutz- und Halteerfahrungen.

Gerade die Erkenntnis, dass es Größeres, mich Umfassenderes gibt – dafür kann Gott stehen, aber auch andere Ausdrucksformen von Spiritualität –, kann in der Krise, angesichts von Leid oder bei tiefgreifenden Verlusten entlasten. Es kann ein Gefühl von Haltgebendem aufkommen lassen, das Erleben des Aufgehobenseins, vielleicht sogar das Staunen darüber, dass Dasein trotz des Leides möglich ist: Es kann sein – ich kann sein – wir beide können sein – nebeneinander, vielleicht trotzdem. Darin liegt Kraft und das Vertrauen, dass es immer irgendwie weitergeht – das (spirituelle) Erleben eines Aufgehobenseins »in jedem Fall«. Aus der Erfahrung dieses letzten Gehaltenseins kann ein Ja zur Welt, zum Dasein und zu seinen Bedingungen erwachsen, so dass es vielleicht besser gelingt, das schicksalhaft Gegebene in der Krise anzunehmen und das Schwere und Leidvolle auszuhalten – im Kleide des Humors.

»In unserer Zeit wird viel von Ironie und Humor geredet,
besonders von Leuten, die nie vermocht haben, sie praktisch auszuüben.«
Søren Kierkegaard

Dorothee Bürgi, PhD, Psychologin und Coach mit eigenem Beratungsunternehmen, Seminar und Vortragstätigkeit im Bereich Health Care, Ethik, Existenzanalyse und Spiritual Care, Gründungsmitglied der Existential Training & Leadership Academy Wien-Zürich (www.et-l.org).

E-Mail: dorothee.buergi@et-l.org

Literaturhinweise

Kierkegaard, S.: Entweder-Oder (1843). 10. Auflage. München 2009.

Kierkegaard, S.: Furcht und Zittern (1843). Übersetzt von L. Richter. Hamburg 1992.

Längle, A.: Erfüllte Existenz. Entwicklung, Anwendung und Konzepte der Existenzanalyse. Hrsg. von D. Bürgi. Wien 2011.

Pieper, A.: Søren Kierkegaard. 22. Auflage. München 2000.

»So ein Tag, so wunderschön wie heute«

Wenn das Memento mori im Schunkelrhythmus kommt

Wolfgang Oelsner

Zum Medizinstudium an der Kölner Universität gehört im Erstsemester das »Kompetenzfeld Tod und Trauer«. Manche der jungen Leute sind überrascht, dass sie sich gleich zu Studienbeginn mit einem Trauerthema beschäftigen sollen. Eigentlich steht die lebensfrohe Stadt am Rhein als Studienort für ein anderes Image. Verständlich, wenn sich manche nach den Veranstaltungen auf das Kölner Vergnügungsleben freuen. Im Wintersemester ist das sehr vom Karneval geprägt. Denkbar ist, dass sie dort Songverse wie diese hören:

Wir sterben manchmal früh
Und manchmal, wenn es schon spät ist.
Freund Hein, der fragt doch niemals nach
dem Alter und was du bist.
Der packt dich an und sagt:
»Komm, Junge, deine Zeit ist abgelaufen,
für nichts kannst du sie kaufen,
die Zeit, die du gern möchtest.«
(Kölscher Originaltext und Musik:
Hans Knipp)

Mit freundlicher Genehmigung: Musikverlag Jupp Schmitz KG, Bergisch Gladbach

Mitten in der ausgelassenen Feier wird von »Freund Hein«, dem Sensenmann, dem Tod gesungen. Sieht so die erhoffte Ablenkung aus?

Andere werden vielleicht gar nicht erst versuchen, dem Trauerthema zu entfliehen. Im Gegenteil. Statt zur Karnevalsfeier machen sie sich auf zu einem meditativen Spaziergang über Kölns Zentralfriedhof. Es ist keine Halluzination, wenn ihnen dort ein Trauerzug begegnet, bei dem der Sarg mit Orden und Karnevalsmütze dekoriert ist und eine Kapelle – in Moll – Karnevalslieder spielt.

Kein »Memento mori« ohne »Carpe diem«

Weder macht der Karneval vor dem Tod halt, noch kann man im Karneval der Todesmahnung entrinnen. Im Rheinland platzt das »Memento mori« mit Liedtexten ins fröhliche Fest. Meist merken die Feiernden es nicht, denn auch der Tod verkleidet sich. Er kommt in freundlichen Metaphern daher. »Freund Hein« lässt uns »beim

Leidfaden, Heft 4/2013, S. 44–48, © Vandenhoeck & Ruprecht GmbH & Co. KG, Göttingen, 2013, ISSN 2192-1202

Petrus ankommen«, »Englein werden« und »alle in den Himmel kommen«. Der ist auch in säkularen Zeiten eine gefragte Jenseitsadresse. »Eines Tags ist es vorbei, und im Himmel ist Platz für zwei« tröstet die zweite Strophe im Disko-Hit »Ein Stern, der deinen Namen trägt«. DJ Ötzi setzt damit im Schlager die Tradition des Volkslieds fort, das den Gedanken an den Lebensabschied bevorzugt in die Folgestrophen legt, etwa in die dritte von »Hoch auf dem gelben Wagen«: »Sitzt einmal ein Geripppe dort bei dem Schwager vorn, schwingt statt der Peitsche die Hippe, Stundenglas statt dem Horn.«

Ins gleiche Horn stoßen viele Lieder im Karneval. Doch es klingt nicht schaurig. Dem »Gerippe« wird ein Kostüm umgelegt und seine Sprache »verkleidet« sich mit der Mundart. So ist das eingangs zitierte Lied, das die Kölner Gruppe »Paveier« auf unzähligen Frohsinnsfesten singt, im Original in Kölscher Sprache zu hören. Doch wäre es kein Lied für den Karneval, wenn es bei der Todesmahnung stehen bliebe. Seine letzte Botschaft gilt dem »Carpe diem«. Somit folgt den schleppenden Takten der Eingangsverse ein lebensbejahender Refrain:

Was haben wir eigentlich zu verlieren, Elly?
Auf jeden Fall ist es nicht viel.
Darum lass uns doch mal was riskieren, Freddy,
es ist doch alles nur ein Spiel.
Und wenn wir uns etwas amüsieren, Cilly,
dann sind wir auch mal mit dabei.
Komm, lass uns nicht ganz verlieren, Willi,
denn viel zu schnell ist es vorbei!

In hochdeutscher Lesart lässt sich die Wirkung solcher Lieder nur unzureichend wiedergeben. Man stelle sich kostümierte Publikumsmassen vor, die sich bei den schwermütigen Endzeitgedanken der Introduktion zum rheinischen Schunkeln einhaken. Sie wiegen sich in körpernaher Nestwärme zum Sirtaki-Rhythmus, der sich zu einem fulminanten Finale voller Lebensbejahung steigert.

»Ach ich blieb so gerne und muss nun leider geh'n«

Nicht nur theologische und philosophische Schriften thematisieren die Begrenztheit der menschlichen Existenz. Sie schwingt auch im trivialen Liedgut mit. Deutschlandweit wohl bekanntestes Beispiel ist jener Evergreen, der einst durch die Mainzer Fernsehfastnacht populär gemacht wurde: »So ein Tag, so wunderschön wie heute«. Auf dem Höhepunkt der Stimmung schleicht sich mit seinen Versen Abschiedswehmut ein: »Ach, wie bald vergeh'n die schönen Stunden, die wie Wolken verweh'n. (…) So ein Tag, der dürfte nie vergeh'n.« Der Liedvers »Ach ich blieb so gerne und muss nun leider geh'n« ähnelt Formulierungen in Todesanzeigen. Auch Assoziationen zum 90. Psalm drängen sich auf: »Unser Leben währet siebzig Jahre (…) rasch geht es vorbei, wir fliegen dahin.«

Das Volksfest Fastnacht, Fasching, Karneval ist ein Wendefest. Es definiert sich durch sein Ende, den Aschermittwoch. Der mahnt an den »Aschermittwoch des Lebens«. Doch Karneval wäre kein heiteres Fest, hielt er nicht zugleich tröstende Vorstellungen vom Jenseits bereit, etwa die Zusage »Wir kommen alle in den Himmel« (Jupp Schmitz). In der Welt des Närrischen, der »verkehrten Welt«, tun erwachsene Kulturbürger in Gemeinschaft noch einmal »so wie früher, als das Wünschen noch geholfen hat«. Psychologisch gesehen ist das eine regressive Position. Im Karneval können wir sie ohne Ansehensverlust, ohne Scham annehmen, denn »die anderen tun es auch«. Es ist das Fest der kollektiven Regression.

Bräuche, Volkslieder, auch Volkstheater, vereinfachen die Welt. Sie entlasten für eine vereinbarte Zeit vom Bewusstsein um die Komplexität und Kompliziertheit der Wirklichkeit. Lösungen reduzieren sich auf Gut und Böse im Hier und Jetzt. Wie der Clown dürfen wir in der Narrenwelt dem Leben noch mal mit kindlicher Einfalt begegnen. Sprachrohr dieser Botschaft sind die Lieder.

»Wir glauben an den lieben Gott und haben noch immer Durst«

Stimmungslieder gibt es die Fülle. Meist sind es Eintagsfliegen. Wer singt heute noch »Kreuzberger Nächte sind lang«? Über Generationen populär bleiben eher jene, die eine Prise Lebensweisheit beinhalten. Die Akzeptanz begrenzter Lebenszeit gehört dazu. Willi Ostermanns Evergreen »Ich mööch zo Foß noh Kölle jon« umschreibt sie in der zweiten Strophe mit christlicher Diktion: »Un deit d'r Herrjott mich ens rofe« (hochdeutsch: »Und ruft Gott mich eines Tages«). Fritz Weber schildert die Szene in seinem Lied vom »Kölsche Jung« so: »Wenn du dann eines Dachs am Himmelspözge steihs« (hochdeutsch: »Wenn du eines Tages an der Himmelspforte stehst«). Der Düsseldorfer Schunkelwalzer »Altstadtlaterne« bleibt hochdeutsch nicht minder deutlich: »Komm ich an dem gewissen Tor dann an.«

Für die Dauer eines Liedes darf noch einmal kindliche Grandiosität aufflackern, ein trotziges Stück Unsterblichkeit. Der Narr fürchtet weder Tod noch Teufel, und mit dem lieben Gott verhandelt er auf Augenhöhe: »Der liebe Gott weiß, dass ich kein Engel bin (…) das mit dem Himmel, das kriegen wir schon hin« (Lied der »Höhner«). Zu hoch allerdings darf der Preis für das Himmelreich nicht werden. Absichtserklärungen genügen: »Wir lieben das Leben, die Liebe und den Durst. Wir glauben an den lieben Gott und haben noch immer Durst« (Höhner: »Viva Colonia«).

© Wolfgang Oelsner

Mit kindlich-naivem Gottvertrauen geht es im Himmel ungebrochen irdisch weiter. Karl Berbuer widmete ein ganzes Lied dem »Fastelovend em Himmel« (»Karneval im Himmel«). Solche Lieder stellen mit ihren Bildern und Sprachcodes ein Paradies in Aussicht.

© Peter Rakoczy

Irreal, aber nicht wirkungslos

Natürlich weiß der Vernunftbürger, dass die Verhältnisse beim Ableben sich nicht eins zu eins so einstellen werden, wie sie besungen wurden. Dennoch sind solche Bilder nicht ohne Wirkung. Was gewollt närrisch und vordergründig kindisch klingen mag, verweist auf einen Schutzmechanismus der Seele. Wenn Angst übermächtig wird, erleben wir eine Vorstufe zum Tod, die Ohn-Macht. Wer aber singt oder redet, ist nicht ohnmächtig, er liefert sich nicht der Übermacht aus. Er tut das, was die christliche Liturgie einst im »Osterlachen« sogar liturgisch inszenierte, den Sieg des Lebens über den Tod: »Tod, wo ist dein Stachel? Hölle, wo ist dein Sieg?«

Mitunter sind im regressiven Grundton solcher Lieder auch Aspekte aus Werken der Hochkultur zu entdecken. Etwa aus Hermann Hesses Gedicht »Stufen«. Dessen auf vielen Abschiedsfeiern rezitierte Schlusszeile »Wohlan denn, Herz, nimm Abschied und gesunde!« muss nicht weniger aussagekräftig werden, wenn eine Musikgruppe wie die Bläck Fööss sie mundartlich variiert: »Ohne Abschied fing nie jet Neues an« (aus: »Kriesch doch nit, wenn et vorbei es«, hochdeutsch: »Weine nicht, wenn es vorbei ist«; Text Hans Knipp).

Wer von der Hochlyrik nicht erreicht wird, kann mit Redewendungen aus der sogenannten trivialen Liedkultur der Sprachlosigkeit entgehen. Schlager wie »Niemals geht man so ganz« gehören somit zu den meist gespielten auf rheinischen Beerdigungen. Die Trauernden finden in den leicht zugänglichen Formulierungen ihre Sprachcodes für Abschied, Trost und Zuversicht. Wer sie singt, bleibt handlungsfähig. Das schützt und entlastet.

»Trinke die Freude, denn heut' ist heut'«

Karneval wird nicht Religion und oder Philosophie ersetzen können. Wie sollte er auch? Narren betrachten die Komplexität des Lebens nicht differenziert. Sie dürfen reduzieren. Das macht es manchmal leichter, trotz Unausweichlichkeit des Todes lebens- und liebesfähig zu bleiben. »Su lang mir noch am läve sin, am laache, kriesche, danze sin« (hochdeutsch: »So lange wir noch leben, lachen, weinen, tanzen«) singt die Gruppe »Brings«. Es bleibt die Botschaft, neben dem »Memento mori« das »Carpe diem« nicht zu vergessen. Wie in den Versen, die dem bekannten Refrain im Lied »Am Aschermittwoch ist alles vorbei« vorausgehen:

Trinke die Freude, denn heut' ist heut'.
Das, was erfreut, hat noch nie gereut.
Fülle mit Leichtsinn dir den Pokal, Karneval, Karneval!
Hast du zum Küssen Gelegenheit,
Mensch, dann geh ran mit Verwegenheit!
Sag niemals »nein«, wenn das Glück dir winkt,
bald das Finale erklingt:
Am Aschermittwoch ist alles vorbei.
(Text: H. Jonen, Musik: J. Schmitz)

Solches in unbekümmerter Gemeinschaft zu singen, kann vorbeugend trösten. Allerdings nur vordergründig. Eine Trauerarbeit ersetzt es nicht. Die aber schickt einen Lichtstrahl durch den Türspalt eines heiteren Festes und ermutigt uns vielleicht zur weiteren Öffnung »nach Aschermittwoch«.

Wolfgang Oelsner, geboren 1949, Pädagoge und analytischer Kinder- und Jugendlichenpsychotherapeut, eigene Praxis, 1988–2011 Rektor der Schule in der Uniklinik Köln. Neben pädagogischer und psychologischer Fachliteratur zahlreiche Bücher und Medienbeiträge zur Psychologie und Philosophie des Narrenfests. Der Kulturpreisträger der Deutschen Fastnacht war über Jahrzehnte selber musikalisch aktiv.

E-Mail: wolfgang-oelsner@t-online.de

Jeder Tod hat sein Gelächter

Über den Humor angesichts unserer Sterblichkeit

Georg Schwikart

Seine Söhne sitzen um das Bett des sterbenden Moische, als der Alte plötzlich schnuppert und mit gebrochener Stimme zu seinem Ältesten sagt: »Die Mamme backt ihren wunderbaren Apfelstrudel. Sei so gut, hole mir ein Stückchen. Das will ich noch verzehren und mich dann auf den Weg machen zum Allmächtigen!« Der Sohn geht wie befohlen in die Küche und kehrt mit leeren Händen zurück: »Vom Kuchen bekommst du nichts; die Mamme sagt, der ist für nach der Beerdigung.«

Eine solche Art der Sterbebegleitung, wie der jüdische Witz sie erzählt, empfinden wir verständlicherweise als unangemessen. Der Witz funktioniert, weil er das gänzlich Unerwartete bringt. Dieses Unerwartete werden alle, die sich in der Hospizbewegung und im Palliativdienst engagieren, auch schon erlebt haben: Manches ist wirklich komisch.

»Was bedrückt Sie noch?«, fragte ich einen Herrn auf der Palliativstation. Antwort: »Meine Schwester braucht ein Hörgerät.« Bei der Beerdigung des Mannes sprach ich die Schwester an. Ihre Reaktion, ein lautes: »Hä?«

Eine Mutter erzählte mir, sie harrte bei ihrer hirntoten Tochter aus – und dachte auf einmal an Chop Suey, ein chinesisches Gericht. (Ich deutete das als gutes Zeichen von Lebenswillen ihrerseits.)

Als ich Inge im Hospiz besuchte, sie wartete auf den Tod und starb drei Tage später, ermahnte sie mich mit schwacher Stimme: »Setz dich grade hin, das ist besser für deinen Rücken.« Inge meinte das ernst, sie war ein bestimmender Typ. Aber es gibt auch Menschen, die noch im Angesicht des Todes ihren Humor bewahrt haben.

Allerdings, da sollten wir uns nichts vormachen, Sterben ist kein Vergnügen. Doch in diesem mitunter langen Prozess kann es dann und wann Augenblicke der Entspannung geben; Momente, in denen das Schwere leicht wird, da mitten in der Trübsal Humor aufblitzt.

Elisabeth Kübler-Ross (1983) sagte einmal in einem Interview, sie habe sich immer am Humor sterbender Patienten erfreut: »Sie haben einen unglaublichen Sinn für Humor, wenn für ihre unerledigten Dinge gesorgt wird und wenn jene, die mit den Sterbenden umgehen, selbst nicht mit Grabesmiene ins Zimmer treten und es pervers finden, mit Sterbenden zu lachen. Menschen, die in ihrem Leben einen starken Sinn für Humor entwickelt haben, können ihn bis ins Sterben hinein bewahren.« – *Können.* Erwarten dürfen wir den Humor nicht. Aber wir müssen uns auch nicht dafür schämen, wenn er uns anlacht.

Humor, ein Mittel gegen den Ich-Verlust

Mitunter finden wir etwas so lustig, dass wir sagen: »Ich lach mich tot!« Aber: Der Tod ist nicht lustig! Und deswegen machen wir uns über ihn lustig. Deswegen verhöhnen wir seine Macht. Wir relativieren seine Gewalt, indem wir spielerisch mit ihm umgehen. Vielleicht muss man lachen, um nicht am Weinen zu ersticken. Ist nicht das Lachen ein Überlebenselixier? Wie schnell kann doch eine an sich traurige Situation »kippen«.

Wer über Humor verfügt, ist den Anforderungen des Lebens in der Regel besser gewachsen. *Warum ist es sinnvoll, bei einem abstürzenden Flugzeug vorn zu sitzen? Dann kommt der Getränkewagen noch einmal vorbei.* Ist solch ein

Leidfaden, Heft 4 / 2013, S. 49–51, © Vandenhoeck & Ruprecht GmbH & Co. KG, Göttingen, 2013, ISSN 2192–1202

Witz noch akzeptabel oder überschreitet er die Grenze der Geschmacklosigkeit? Die erste Auflage meines Buches »Jeder Tod hat sein Gelächter« erschien im September 2001. Nach den Terroranschlägen in New York wirkte dieser Witz ungewollt bösartig.

Warum erzählt man denn überhaupt so etwas? Mit den Opfern von irgendwelchen Flugzeugabstürzen will gewiss niemand tauschen. Aber jeder, der sich auf eine Flugreise begibt, setzt sich einem Risiko aus. Und wenn man es schon nicht verdrängen kann, so macht man sich wenigstens darüber lustig, um gleichsam durch eine magische Beschwörung des Negativen das Positive zu erreichen. Schließlich wünscht man einander auch »Hals- und Beinbruch« und meint das Gegenteil.

Wer über den Tod lacht, lacht über das Leben

Humor kann Ausdruck der Hochachtung vor dem Tod sein: Einem so überlegenen Gegner kann man nur noch mit Humor begegnen, Widerstand ist zwecklos. Wer über den Tod spricht, spricht immer über das Leben. Und über das Leben kann man nicht sprechen, ohne den Tod im Blick zu haben. »Man kann alles überleben«, stellte Oscar Wilde einmal fest, »außer den Tod.«

»Sterben ist nicht schlimm, bloß fühlt man sich am nächsten Tag ganz kaputt«, sagt die Volksweisheit. Und Achims Oma wusste, wenn jemand in hohem Alter verschied: »Dafür kann man nicht mehr die Hebamme verantwortlich machen.«

Aber die Ärzte sind oft Zielscheibe des Galgenhumors, jene Menschen also, die nicht selten Herren oder Herrinnen über Leben und Tod sind. *Der Doktor wird zum Sterbenden gerufen. Es verzögert sich ein bisschen, bis er endlich ankommt. Dann öffnet man ihm die Tür mit betretener Miene: »Herr Doktor, mein Mann ist tot. Sie kommen umsonst!« Der Arzt reagiert missmutig: »Vielleicht komme ich vergebens, aber bestimmt nicht umsonst!«*

Einer noch: *Der Mann kommt von der Untersuchung nach Hause. Die Diagnose: Ihm bleiben noch zwölf Stunden zum Leben. In seiner letzten Nacht, so wünscht er sich, möge die Post abgehen im Ehebett! Mit seiner Frau amüsiert er sich bis zum Umfallen. Irgendwann keucht die Frau erschöpft: »Ich kann nicht mehr!« – »Ach komm, ein*

Mal noch«, bettelt der Todgeweihte. – »Du hast gut reden«, wehrt die Frau ab, »du musst ja morgen früh nicht aufstehen.«

Lebensmüde im wahrsten Sinne war die etwa siebzigjährige Frau, als ich sie kennenlernte. Die Dame sprach vom Wunsch zu sterben, aber die Tochter meinte, die Mutter vergehe nicht, wie Unkraut, und fügte derb hinzu, man werde sie wohl einmal erschießen müssen. Fünfzehn Jahre später, nach einem Schlaganfall, eröffnete sich für die alte Frau die Chance, dass ihr einstiger Sterbewunsch sich erfüllte. Aber auf einmal wollte sie nicht mehr abtreten. Nun war ihre größte Sorge, von der Tochter ins Altenheim gesteckt zu werden. Immer wieder versicherte die Tochter ihrer Mutter, sie dürfe zu Hause bleiben, für immer. Die Mutter blieb skeptisch: »Und wenn du mal nicht mehr bist?«

Die Todesgewissheit als größte Herausforderung

Was lebt, das stirbt auch irgendwann einmal. *Sagt Häberle: »Wenn i mirs so vergegenwärtig, wies unseroim geht und was für a Glück andere Leut habet – wenn i mie da so neidenk … Glaubet Sie mir, Herr Pfleiderer – na wünsch i mir manchsmal, i wär gar net erst gebore!« Antwortet Pfleiderer: »Ja, ja – scho recht, Häberle, gar net erst gebore werde! – aber sehet Sie, des Glück, Häberle – des Glück hat ebe au net jeds!«*

»Vom Nachteil, geboren zu sein« heißt ein Buch des Philosophen Emile Cioran. Die beiden schwäbischen Originale drücken das Gleiche viel netter aus: »Vom Glück, nicht geboren zu sein.« Aber das hat nun mal nicht jeder.

Das ist ein Thema fürs ganze Leben. Ich hatte einen 97-jährigen Mann zu bestatten. Die Witwe eröffnete das Trauergespräch mit dem Hinweis: »Mein Mann wär' so gerne alt geworden!« Und dann ist er doch glatt gestorben!

Sterben! Unsere Sprache ist erfinderisch, um dieses harte Wort zu ersetzen. Wir sprechen vom Ableben, Entschlafen, Dahinscheiden und Heimgehen, sagen aber auch: dran glauben müssen, den Löffel abgeben, ins Gras beißen, abnippeln, draufgehen, abkratzen …

Lachen und Weinen sind Geschwister wie Tod und Humor

Es geht nicht darum zu lachen, anstatt zu weinen. Das Weinen ist nicht nur erlaubt, sondern notwendig. In den unterdrückten Tränen kann man ertrinken. Eher andersherum: Wir dürfen auch lachen, obwohl der Tod ein ernstes Thema ist. Lachen befreit, Lachen erlöst, Lachen löst Verspannungen und lässt Aufgestautes wieder fließen. Manchmal vermengen sich die Tränen der Trauer mit den Tränen der Freude am Leben. Und diese Freude hat immer den längeren Atem.

Tod: ein Thema, das sich einem schnellen Zugriff entzieht. Ein Thema, mit dem man nie fertig wird – erst, wenn man selbst tot ist. Das Problem bringt die Dichterin Mascha Kaléko auf den Punkt: »Bedenkt, den eignen Tod, den stirbt man nur, doch mit dem Tod der andern muss man leben.«

Muss man leben, kann man leben. Pablo Nerudas Autobiografie trägt diesen Titel – und jedem Menschen sei gegönnt, das am Ende sagen zu dürfen: »Ich bekenne, ich habe gelebt!«

Dr. Georg Schwikart, geboren 1964, verheiratet, zwei Kinder, Studium der Vergleichenden Religionswissenschaft, Theologie und Volkskunde, lebt als Schriftsteller und Publizist in Sankt Augustin bei Bonn.

E-Mail: schwikart@t-online.de
Website: www.schwikart.de

Literaturhinweise

Cioran, E.: Vom Nachteil, geboren zu sein. Gedanken und Aphorismen. Frankfurt a. M. 1979.
Kübler-Ross, E.: Was können wir noch tun? Stuttgart 1983.
Neruda, P.: Ich bekenne, ich habe gelebt. Memoiren. Darmstadt 1974.
Schwikart, G.: Jeder Tod hat sein Gelächter. Über das Verhältnis zweier eigentümlicher Brüder. Nettetal 2009.

Wenn der Tod kommt, ist Sense

Tod, Trauer und Humor aus philosophischer Sicht

Hans-Joachim Pieper

Angst vor dem Tod und Trauer um Verstorbene sind so tief in uns verwurzelt, dass sie für manche zum Wesen des Menschen gehören. Eine Vorstellung vom Tod, vor allem von der eigenen Sterblichkeit, Bestattungs- und Trauerrituale sowie komplexe Ausmalungen eines Jenseits sind nur beim Menschen anzutreffen. Wenn die Menschwerdung damit beginnt, dass der Mensch über sich selbst nachdenkt und sich um ein Verständnis seiner Situation in der Welt bemüht, damit, dass er die eigene Endlichkeit erkennt und sich fragt: »Ist mit dem Tod alles zu Ende?« und »Wie sollte ich mein Leben zubringen?« –, wenn es sich so verhält, dann kann man tatsächlich sagen, Todesgewissheit, Todesangst und Trauern um Verstorbene sind mit dem menschlichen Leben im Kern untrennbar verbunden.

Bereits im auf das zweite bis dritte Jahrtausend vor Christus datierten Gilgamesch-Epos hört man den Titelhelden den Tod seines Freundes beweinen: »Um Enkidu weine ich, um meinen Freund,/Wie ein Klageweib bitterlich klagend!« (Das Gilgamesch-Epos, S. 66 [8. Tafel]). Und auch die antike Dichtkunst überliefert uns erschütternde Beispiele der Trauer: Aus Trauer und Rachsucht über den Tod seines Freundes Patroklos tötet Achilleus den Trojaner Hektor und schleift dessen Leichnam an seinem Streitwagen hinter sich her. Mit der Trauer um Hektor schließlich endet Homers Epos vom Kampf um Troja, die »Ilias«. Bewegend der Schmerz der Witwe, die ihr Schicksal und das ihres »unmündigen Söhnleins« beweint. Bewegend auch die Trauer der Mutter um ihr »Herzenskind«, den ihr »Trautesten aller Gebornen« (Homer, S. 435 f. [XXIV. Gesang, V 725 ff.]).

Und auch »Antigone«, eine der berühmtesten Tragödien des Sophokles (497/496–406/405 v. Chr.), endet in abgründiger Trauer. Nachdem Kreon den eigenen Sohn in den Tod getrieben, nachdem seine Frau sich aus Verzweiflung darüber selbst getötet hat, erfleht er auch für sich den Tod: »O komm, o komm/Als Trost, schönste Grenze all meines Leids,/Und führe mir herauf den endigenden Tag!/Nahe nur, gewünschtes Ziel,/Und laß keinen andern Tag mehr mich schaun!« (Sophokles, S. 151 f. [V 1300 ff.]). Doch dieser Trost bleibt ihm verwehrt: »Du wünschest, was Gewinn ist, gibt's Gewinn im Leid? Ein rasches Ende heißt Gewinn im Drang des Leids« (S. 151 [V 1297 f.]).

Hält man sich solche bewegenden Beispiele vor Augen, dann ist nur schwer nachzuvollziehen, dass wir auf den Tod auch ganz anders reagieren können, nämlich mit Humor: mit Witzen, mit Lachen und Spott. Dabei kann es sowohl um den eigenen als auch um den Tod eines anderen gehen. *»Herr Doktor, können Sie mir helfen?«, fragt der Patient. »Hm, ja, ich verschreibe Ihnen erst mal ein paar Moorbäder.« »Und die helfen?« »Nein«, erwidert der Arzt, »aber so gewöhnen Sie sich schon mal an die feuchte Erde.«* Ein Witz, der uns zugleich mit dem Tod konfrontiert und uns in Distanz zu ihm bringt. Wir schwanken, ob wir uns mit dem Patienten oder dem Arzt identifizieren. Ein Witz, der uns unser Todesschicksal drastisch vor Augen hält (auf uns wartet das kalte, »feuchte« Grab) und zugleich einen, wenn auch schwachen, Trost anbietet: als ob man nach dem Tod doch noch etwas empfände, vielleicht sogar etwas, das sich entfernt mit einer Kurpackung vergleichen lässt.

Leidfaden, Heft 4/2013, S. 52–57, © Vandenhoeck & Ruprecht GmbH & Co. KG, Göttingen, 2013, ISSN 2192-1202

»Stell dir vor, meine Schwiegermutter hat jetzt endlich ihr Idealgewicht erreicht.« »Und wie viel wiegt sie?« »Dreieinhalb Kilo, inklusive Urne!« – Witze ermöglichen uns auch, Feindseligkeiten, Aggressionen bis hin zu Tötungsphantasien auszusprechen, die sonst im Verschwiegenen bleiben. Auch hier geschieht wieder zweierlei. Unsere eigene Aggression – ja, unser Vernichtungswille gegenüber anderen – wird bagatellisiert, und damit wird zugleich der Tod verharmlost, der hier als bloßes Gedankenspiel auftritt, der uns nicht erschreckt, sondern sogar erwünscht wird: zumindest als Tod eines anderen.

Humorig kommen auch etliche Lebens- und Spruchweisheiten daher, die den Tod behandeln: »Das Leben wird schließlich mit dem Tode bestraft«, sagt Wilhelm Busch. Und unbekannte Verfasser teilen uns mit: »Die Guten sterben immer zuerst. Man muss sich schämen, wenn man noch lebt.« Oder in altherkömmlicher Versform: »Ich leb', ich weiß nicht, wie lang,/Ich sterb', ich weiß nicht, wann,/Ich fahr', ich weiß nicht, wohin:/Mich wundert, dass ich so fröhlich bin« (zitiert nach Splett 2011, S. 2197 f.).

Kaum etwas in diesem »zweideutigen Leben« kann offenbar so ernsthaft sein, dass darin nicht auch dem Scherz »eine Stelle zu gönnen« sei, wie Arthur Schopenhauer (1788–1860) bemerkt (Schopenhauer I.1, S. 13). Das erstreckt sich bis in die Grabinschriften: »Er lebte still und unscheinbar, er starb, weil es so üblich war« (zitiert nach Lütz 2012, S. 19).

Auf den ersten Blick scheinen Tod und Trauer mit Humor nichts zu tun zu haben. Beim Gedanken an den Tod, beim Verlust geliebter Menschen, beim Mitgefühl mit dem Verlust, den andere erlitten haben – bei all diesen Gelegenheiten bleibt uns normalerweise das Lachen im Halse stecken. Über Verstorbene sollte man nichts Schlechtes sagen. Dazu gehört auch, dass man keine Witze über sie macht. Das Lachen beim »Leichenschmaus« wirkt, von außen betrachtet, pietätlos, und auch im Sterbezimmer herrscht in der Regel beklemmender Ernst. Ernst, Betroffenheit,

Oswald Wirth, Tarot Card The Fool, 1926 / INTERFOTO / Mary Evans Picture Library

Tiefer Humor entspringt dem Todesbewusstsein, im Todesbewusstsein und in der Trauer hat Humor seinen eigentlichen Platz.

In Wahrheit ist der Tod – das Wissen um unsere Vergänglichkeit – die Quelle sowohl des tiefsten Ernstes als auch des tiefsten Humors.

Schrecken und Erschütterung sind angesichts des Todes durchaus angemessene Reaktionen. Aber sie sind, wie wir gesehen haben, keineswegs die einzigen. In Wahrheit ist der Tod – das Wissen um unsere Vergänglichkeit – die Quelle sowohl des tiefsten Ernstes als auch des tiefsten Humors. Genauso wie Sorge und Ernst ist der Humor in der Todesangst und Trauer zu Hause. Tiefer Humor entspringt dem Todesbewusstsein, im Todesbewusstsein und in der Trauer hat Humor seinen eigentlichen Platz.

Witze über Trauer, Sterben und Tod gibt es viele; philosophische Reflexionen über den Zusammenhang zwischen Trauer, Tod und Humor jedoch nicht. Aber warum sollte man nicht einmal einige philosophische Erörterungen des Todes mit einem humoristischen Blick betrachten? Möglicherweise trifft die Einschätzung nicht ganz daneben, dass manche dieser Erörterungen aus einem humorvollen Geist hervorgegangen sind.

An erster Stelle ist dabei an Epikur (342/41–271/70 v. Chr.) zu denken. Geradezu schelmisch liest sich seine – bis heute vielfach zitierte und modifizierte – Empfehlung, den Tod als ein Nichts und die Todesfurcht als überflüssig zu betrachten. Der Tod ist ein Nichts: »Solange wir da sind, ist er nicht da, und wenn er da ist, sind wir nicht mehr.« In Abwandlung eines Gedankens von Michel de Montaigne (1533–1592) könnte man sagen: Wer gestorben ist, hat auch den Tod hinter sich (vgl. Montaigne, S. 51). Mit anderen Worten: Der Tod betrifft uns nicht. Wenn das aber so ist, dann ist Todesangst nicht nur unangenehm und schädlich, sondern geradezu lächerlich: »[...] denn es ist doch Unsinn, daß etwas, dessen Vorhandensein uns nicht beunruhigen kann, uns dennoch Leid bereiten soll, weil und solange es nur erwartet wird«, solange es also noch gar nicht eingetreten ist (Epikur, S. 41). Wer so denkt, meine ich, beweist Humor. Wer so tut, als könnte man dem Tod und der Angst davor mit einem Bonmot den Stachel ziehen, der drückt damit vielleicht auch ein zu großes Vertrauen in die Kraft der Worte, vor allem aber das eine aus: nämlich dass man dem Tod mit Witz begegnen soll, dass Humor im Umgang mit dem Tod angemessen ist.

Sollte das auch für Sokrates (469–399 v. Chr.) gelten? Der Tod des Sokrates gilt als Sinnbild dafür, wie Philosophen sterben sollten. Und da alle Menschen zum Philosophieren angehalten sind, kann er auch als Vorbild *aller* Menschen dienen. Sokrates geht dem Tod freudig und heiter entgegen. Denn Philosophen sterben gern, weil schon ihr ganzes Leben nichts anderes ist als eine Annäherung an den Tod: eine möglichst weit reichende Befreiung der Seele vom Körper. Das Sterben mag leichter fallen, wenn man davon überzeugt ist, dass die Seele nach dem Tod weiterleben wird – vereint mit Göttern und mit schon gestorbenen Menschen. Die Argumente, die Sokrates für dieses Weiterleben anführt, reichen indessen von logischen und begrifflichen Schlussfolgerungen bis zur Mythologie. Wem es im Leben nicht gelingt, sich von der Anhänglichkeit an das Irdische zu befreien, dessen Seele wird in dunklen Nächten »um die Denksteine und Gräber« irren oder in einem nächsten Leben als Esel oder Schlimmeres wiedergeboren werden (Platon, S. 44 f.).

Auch der Spott der Nichtphilosophen ist Sokrates vertraut: »Wenn Philosophen gerne sterben wollen – einverstanden!«, sagen sie und fügen hinzu, dass die Philosophen auch genau das verdienten (S. 13). Sokrates' Umgang mit dem Tod hat durchaus etwas Launiges, Scherzhaftes. Getragen wird diese Stimmung vom Glauben an ein – für Philosophen glückliches – Weiterleben nach dem Tod. Aber man darf auch das Augenzwinkern nicht übersehen, wenn Sokrates erklärt, dieser Glaube sei es »wert, daß man es wagt, sich ihn zu eigen zu machen; denn schön ist dieses Wagnis, und wir brauchen ja so etwas, gleichsam um uns damit zu bezaubern« (S. 97 f.).

Aber auch ohne ein solches Glaubenswagnis finden Philosophen angesichts des Todes zu humorigen Gedanken. Um dem Tod den Charakter persönlicher Kränkung zu nehmen, empfiehlt es sich, das eigene Leben und den eigenen Tod aus der Perspektive des großen Ganzen, des Weltalls oder der Natur, zu betrachten. Und aus dieser Perspektive, so erklärte David Hume (1711–1776), erscheint das menschliche Leben nicht bedeutender als das Leben einer Auster (Hume, S. 150). Ob ich lebe oder nicht: »Für das Ganze wird der Unterschied nicht größer sein als zwischen meinem Aufenthalt im Zimmer oder im Freien. Die eine Veränderung hat für mich größere Wichtigkeit, für das Weltall nicht« (S. 153).

Arthur Schopenhauer greift in diesem Zusammenhang zu einem besonders heiklen Vergleich. Zeugung und Tod, sozusagen die Grenzpfähle unseres Lebens, hält er lediglich für Steigerungen der weniger spektakulären, gewöhnlichen Lebensvorgänge, nämlich Nahrungsaufnahme und Ausscheidung. Demnach hätte der Tod keine größere Aufmerksamkeit verdient als unsere Exkremente. Wer stirbt, heißt das, wird ausgeschieden – was sich auch drastischer ausdrücken ließe. Das dahingegangene Individuum gehört gewissermaßen zum Stuhlgang der Natur. Leichen zu balsamieren, meint Schopenhauer, sei genauso »töricht«, wie es wäre, »seine Auswürfe sorgfältig zu bewahren« (Schopenhauer I.2, S. 350).

Mit Blick auf die Trauer kann man zuspitzen: Andacht und Pietät am Grab sind in etwa so angebracht wie eine pietätvolle Stimmung beim Betätigen der Klospülung. Beim Ableben unserer Verwandten, Freunde und Bekannten werden wir uns solche Vergleiche sicher verbitten. Über unsere eigene Sterblichkeit könnte es uns aber durchaus ein Stück hinwegtrösten, unseren Tod als natürlichen Verdauungsprozess der Natur zu betrachten: Nach einer Zeit des Wachstums, der Blüte und Reife werden wir schließlich zurückgespült in die umfassende Kanalisation der Natur.

»Humor ist, wenn man trotzdem lacht!« Verstorbene können – vermutlich – nicht mehr lachen. Aber wir können lachen, solange wir leben – trotz und vielleicht wegen unserer Sterblichkeit. Und wir können auch lachen, wenn und obwohl wir am Sterbelager oder am Grab eines anderen stehen. Aus Erleichterung, dass es uns noch nicht getroffen hat? Sicher! Aber auch weil und obwohl wir wissen, dass auch wir selber »todsicher« an die Reihe kommen, dass der oder die Sterbende, der oder die Gestorbene unsere eigene unausweichliche Zukunft verkörpert.

Im Angesicht von Tod und Sterblichkeit zu lachen: Das kann ein schadenfrohes, ein leugnendes, ein verdrängendes oder ein befreiendes Lachen sein. Humor im Angesicht des Todes ist im besten Fall die Steigerung des Todesernstes, die Steigerung des Todernsten. »Bedenke, dass du sterblich bist!« – Das ist gewiss eine tiefe Weisheit. Tiefer und höher ist vielleicht nur die Weisheit, die Sterblichkeit zu bedenken und – darüber zu *lachen.*

Man kann also nicht nur sagen, dass Tod und Trauer und Humor durchaus etwas miteinander zu tun haben. Ich meine sogar: Sie hängen unmittelbar miteinander zusammen. Humor ist eine mögliche und angemessene Reaktion auf die Herausforderung durch den Tod, weil und wenn er Ausdruck höherer Weisheit ist. Wie schon angedeutet, gibt es eine Reihe von Abkömmlingen des Humors, auf die das nicht zutrifft, obwohl auch sie ihre Berechtigung, ihre Lebensfunktion haben. Zynisch, hysterisch, albern, kalauernd – so gestaltet sich das Lachen als *Verdrängung.* Schadenfreude und Spott brechen hervor, wenn wir aus *Erleichterung* lachen: Selbst noch einmal davongekommen! Auch aus *Zufriedenheit* oder *Naivität* wird gelacht – wenn Frieden einkehrt, Schmerzlosigkeit, Harmonie (wieder-)hergestellt erscheint, wenn man sich ergeben in das von Gott, der Natur oder wem auch immer auferlegt geglaubte Schicksal fügt.

Wenn Humor und Lachen Ausdruck von Weisheit sein sollen, dann müssen sie die Sterblichkeit ernst nehmen. Tiefster Humor lässt Trotz und Verzweiflung hinter sich – oder nimmt sie in sich auf – und schwingt sich zu der Auffassung auf: Letztlich – und angesichts des Todes zumal – ist *alles* lächerlich. Warum sollte das dann für den

Tod gerade nicht gelten? Auch der Tod ist lächerlich. Oder gleichgültig: Thales (625–545 v. Chr.) lehrte, »dass Leben und Sterben einerlei sind; und so gab er auf die Frage, warum er dann nicht sterbe«, die Antwort: »Weil es einerlei ist« (nach Montaigne, S. 52).

Die tiefsten Witze sind die, die aus diesem Geiste des Humors entstehen, die den Tod nicht ausblenden, sondern einbeziehen. Und der tiefste, höchste, weiseste Humor ist der, der im Umgang mit dem Tod, mit Vergänglichkeit und Trauer entwickelt wird – ohne umzuschlagen in Albernheiten, Bitterkeit oder Zynismus.

Wer bei Todesfällen weint, der weint natürlich zunächst um den Verstorbenen. Und auch um sich. Darüber hinaus jedoch, meint Schopenhauer, und sogar »hauptsächlich ergreift ihn Mitleid über das Los der gesamten Menschheit« (Schopenhauer I.2, S. 468). Als Alternative zum Weinen und zum Mitleid empfiehlt Schopenhauer uns die Willenlosigkeit: »Resignation«, »Gelassenheit« gegenüber dem erschütternden Spiel von Leben und Welt (S. 470).

Friedrich Nietzsche (1844–1900) hat dem die Vorstellung von Göttern gegenübergestellt, die sich am Welttheater ergötzen – mag es für die Beteiligten auch noch so grausam sein (Nietzsche, S. 304 f.). Vom Lachen der Unsterblichen hat Hermann Hesse (1877–1962) gesprochen. »Sie sollen lachen lernen (…)«, legt er Mozart in den Mund. »Sie sollen den Humor des Lebens, den Galgenhumor dieses Lebens erfassen« (Hesse, S. 235). Könnte unter diesen Alternativen – Weinen, Resignation und Lachen – nicht das Lachen die beste Wahl darstellen? Doch das Lachen der Unsterblichen ist uns wohl nicht vergönnt. *Humor,* so könnte man sagen, ist der sterbliche, der irdische Abkömmling dieses Lachens, ein Anflug göttlicher Leichtigkeit in der Schwere der Welt. Humor ist die Befreiung vom Dasein, vom Leben und seinen Beschwernissen – zwar immer nur eine vorübergehende Befreiung, dafür jedoch eine Befreiung *innerhalb* des Daseins, eine Befreiung vom Leben *im* Leben.

Apl. Prof. Dr. Hans-Joachim Pieper lehrt Philosophie an der Universität Bonn. Er ist außerdem Lehrbeauftragter für Ethik an der Hochschule Bonn-Rhein-Sieg und referiert an zahlreichen Institutionen zur Erwachsenenbildung über praktische und gesellschaftspolitische Themen der Philosophie.

E-Mail: pieper.hjp@t-online.de

Literaturhinweise

Epikur: Philosophie der Freude. Hrsg. von J. Mewaldt. Stuttgart 1973.

Das Gilgamesch-Epos. Übersetzt von A. Schott. Ergänzt und überarbeitet von W. von Soden. Stuttgart 1969.

Hesse, H.: Der Steppenwolf (1927). Frankfurt a. M. 1975.

Homer: Ilias. In der Übertragung von J. H. Voß. 2. Auflage. München 1982.

Hume, D.: Über Selbstmord. In: Hume, D.: Dialoge über natürliche Religion. Leipzig 1905, S. 145–156.

Lütz, M.: Bluff! Die Fälschung der Welt. München 2012.

Montaigne, M. de: Philosophieren heißt sterben lernen. In: Montaigne, M. de: Essais (1580/88). Frankfurt a. M. 1998, S. 45–52.

Nietzsche, F.: Zur Genealogie der Moral. Kritische Studienausgabe. Hrsg. von G. Colli und M. Montinari. Neuausgabe. München 1999, Band 5, S. 245–412.

Platon: Phaidon. In: Platon: Klassische Dialoge. Übertragen von R. Rufener. München 1975, S. 3–103.

Schopenhauer, A.: Die Welt als Wille und Vorstellung I, Erster Teilband [I.1]. Zürich 1977.

Schopenhauer, A.: Die Welt als Wille und Vorstellung I, Zweiter Teilband [I.2]. Zürich 1977.

Sophokles: Tragödien. Übertragen von J. J. Ch. Donner. München o. J.

Splett, J.: Tod. In: Neues Handbuch philosophischer Grundbegriffe, Band 3. Freiburg/München 2011, S. 2194–2207.

Der Mensch ist des Menschen Medizin (afrikanisches Sprichwort)

Über die Entstehung der Gemeinschaft »Einherz« im Gesundheitswesen

Alexander Radinger

Als Medizinstudent bekam ich bereits in meinen ersten Praktika in der Klinik in respekteinflößender Weise die Krankenhaushierarchie vor Augen geführt. Beim Gang auf die Chefvisite nämlich formierte sich die ganze Belegschaft, wie durch Zauberhand streng gemäß der vorgesehenen Rangordnung. Einer Speerspitze gleich schritt der Chefarzt voran und betrat stets als Erster das Patientenzimmer. Hinter ihm folgten Oberärzte, danach Assistenzärzte und das Pflegeteam, danach vielleicht Physiotherapeuten und ganz hinten, wenn im Zimmer noch genug Platz war, die Studenten.

Meine ersten Teilnahmen an den Chefvisiten beeindruckten mich somit sehr. Doch mit der Zeit merkte ich, dass die Patienten oft aufgrund der Flut an »Göttern in weiß«, die in ihr Zimmer schwappte, eingeschüchtert und verängstigt waren. Kaum einer konnte frei von der Leber weg erzählen, was ihn belastete, beschäftigte oder was er nicht verstand. Was konnte ich als Mitglied der letzten Reihe der Speerspitze in diesem Fall nur tun?

Eines Tages riskierte ich den Versuch, einen Patienten während der Chefvisite aufzuheitern. Ich weiß es noch wie heute. Ich stand wieder ganz hinten im Patientenzimmer. Der Chefarzt sprach beschwörend auf Herrn K. mit chronischer Lungenerkrankung ein. Ich merkte, wie die Mundwinkel des Patienten zunehmend nach unten sanken. Also holte ich vorsichtig eine kleine Fingerpuppe aus meiner Arztkitteltasche heraus und ließ sie unter meinen verschränkten Armen tanzen. Herr K. sah die Fingerpuppe. Plötzlich hellte sich sein Gesicht auf und er lächelte gelöst. Der Chefarzt, der gerade dabei war, seinen neuen Therapieplan zu erläutern, verstand seinerseits die Erheiterung des Patienten nicht und drehte sich verwundert in meine Richtung. In diesem Moment verschwand die Fingerpuppe wieder flink unter meinen verschränkten Armen. Nur Herr K. und ich wussten in diesem Moment von meiner »Erheiterungsintervention«.

Aus der Inspiration von Geschichten wie diesen entstand »Einherz-Gemeinschaft für Medizin mit Liebe« im österreichischen Gesundheitswesen. Wir fanden uns damals, 2008, in einem Kreis von 13 Medizinstudentinnen und -studenten zusammen, weil wir uns im Zwiespalt fühlten: Einerseits waren wir begeistert davon, welch wunderbare Dinge die Wissenschaft bis auf die kleinste Molekularebene erforscht hatte und vollbringen konnte. Andererseits fühlten wir, dass jene Macht der Wissenschaft durch einen Mangel an Menschlichkeit und Herzenswärme ins Ungleichgewicht geraten war. Wir sahen, wie Ärztinnen und Ärzte in den Kliniken darunter litten, nicht genug Zeit für ihre Patienten zu haben. Wir erlebten Pflegerinnen und Pfleger, die nicht verstanden, warum Dokumentationspflichten im medizinischen Alltag wichtiger geworden waren als ausführliche, vertrauensvolle Gespräche mit den Kranken. Und wir erfuhren als Medizinstudenten selbst, wie sehr eine einfühlsame Begegnung mit den Patienten die Erkenntnisse der modernen Medizin unterstützen, ja beflügeln konnte.

Leidfaden, Heft 4/2013, S. 58–59, © Vandenhoeck & Ruprecht GmbH & Co. KG, Göttingen, 2013, ISSN 2192-1202

So gründeten wir »Einherz-Gemeinschaft für Medizin mit Liebe« mit dem Ziel, der Menschlichkeit und Liebe im bestehenden Gesundheitswesen mehr Aufmerksamkeit zu schenken. Wir lernten in dieser Zeit viele Menschen, Vereine, Institutionen kennen, die genau das gleiche Ideal bereits Tag für Tag in ihren Alltag integrierten. Sie alle wurden uns leuchtende Vorbilder und Freunde.

Unser Leitbild war stets, dass wir über Taten zeigen wollen, was die Botschaft unserer Einherz-Gemeinschaft ausmacht. Deshalb veranstalteten wir Symposien und Sommerakademien zu Themen, die uns im Studium zu wenig behandelt schienen (zum Beispiel Medizin und Spiritualität, Medizin und Heil-Kunst). Des Weiteren ließen wir mit Umarmungsaktionen und Clownbesuchen in verschiedensten Krankenhäusern von uns hören. 2010 kam der Arzt und Clowndoktor Patch Adams, berühmt geworden durch den gleichnamigen Hollywoodfilm mit Robin Williams, für *Einherz* an die Medizinische Universität Wien. Über 1300 Menschen kamen damals in das größte Krankenhaus Österreichs und »umarmten« nach Abschluss aller Vorträge in Form eines riesigen Menschenkreises das Klinikgelände gemeinsam mit Patch Adams. Eine starke Botschaft für eine »einherzliche« Medizin ging in die Welt hinaus.

Seitdem wächst und gedeiht *Einherz* weiter. Mittlerweile sind viele von uns fertige Ärzte und arbeiten in Österreich, Deutschland und der Schweiz. *Einherz* zählt über 150 Mitglieder und hat Stützpunkte in Österreichs größten Städten, in Wien und in Graz. Wir luden seit Anbeginn Menschen aus den verschiedensten Berufsgruppen ein, in unserer Bewegung für eine liebevolle Medizin mitzuwirken, weil wir daran glauben, dass Gesundheit und Gesundheitsversorgung uns alle betrifft. So zählen heute Künstler, Pädagogen, Psychologen, Physiotherapeuten, Pflegerinnen genauso zu unseren Teammitgliedern wie Mediziner.

Wir laden auch Sie, liebe Leserinnen und Leser ein, in unserem Netzwerk mitzuwirken. Doch

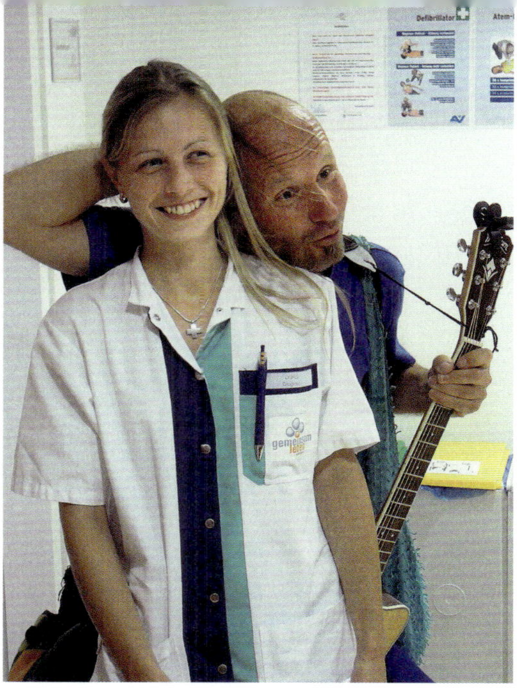

was uns noch wichtiger ist: Um »einherzliche« Momente im medizinischen Alltag zu erleben, braucht es nicht unbedingt große Umarmungsaktionen, Ausbildungsworkshops oder Symposien. Das Potenzial, »einherzlich« zu wirken, ist für jeden Menschen stets verfügbar. Wenn man einmal damit beginnt, erkennt man schnell: Von einem freundlichen Grüßen der Kollegen am Morgen, dem Entschärfen einer Situation mit einer Prise Humor über das bewusste Hören der Geschichten eines alten Menschen bis hin zum kleinen Fingerpuppenspiel bei der Visite ist alles möglich. In Momenten wie diesen wird dann ganz klar, dass tatsächlich der Mensch des Menschen wichtigste Medizin ist.

Mag. Dr. med. Alexander Radinger hat nach Abschluss seines Betriebswirtschaftsstudiums die Liebe zur Medizin entdeckt und danach Humanmedizin in Wien studiert und absolviert. Während seines Studiums gründete er die Organisation »Einherz-Gemeinschaft für Medizin mit Liebe«. Durch die Begegnung mit Patch Adams, dem Urvater der Klinikclowns, fand er in der Figur des Clowns ein wunderbares Instrument, um mehr Liebe und Menschlichkeit in die heutige moderne Medizin zu bringen.

E-Mail: alexander@einherz.at
Website: www.einherz.at

einherz
gemeinschaft für medizin mit liebe

Humor in der Therapie fördert den positiven Kontakt zwischen Patient und Therapeut, macht Schweres leichter – ohne zu bagatellisieren.

Viel Freud im Leid

Humor in der Psychotherapie – ein Einblick

Wolfgang Neumann

Herr S., 58 Jahre alt, ist zurzeit, das heißt seit gut einem halben Jahr, krankgeschrieben. Mit gebrochener Stimme – gebrochenes Herz, denke ich – berichtet er, seine Frau, mit der er über dreißig Jahre verheiratet gewesen war, habe ihn acht Jahre lang betrogen und ihn dann, »ratzputz«, verlassen. Diese Kränkung quäle ihn unablässig, er leide unter tiefen Depressionen, habe zwar seit zwei Jahren eine neue »liebe« Frau gefunden – wie das Schicksal es so will, ist sie übrigens die Ehefrau des üblen Ehebrechers –, habe aber den Vertrauensbruch bis heute einfach nicht verwunden; ich würde es nicht glauben, aber er hänge noch immer an diesem »Biest«.

Außerdem habe er im Frühjahr drei Herzoperationen gehabt und mache jetzt Versuche, allmählich wieder seine Arbeit auszuprobieren. Jetzt stehe so ein Vergleichstermin wegen der Unterhaltsregelungen an: »Diese ganze schmutzige Wäsche, die da wieder gewaschen wird …«, sagt er bitter und dabei schüttelt er sich wie ein nasser Hund.

»Sie mögen vielleicht von Herzen lieber die bösen als die lieben Frauen, liebe Buben brauchen Strafe, sonst erleben sie nichts, oder was für einen Sinn mag das haben?«, frage ich mehr zu mir als zu ihm hin.

Er schaltet auf Durchzug, ist ja verständlich, denke ich, er sitzt ja gerade erst zehn Minuten bei mir, und sein Glaube an das Gute im Leben und im Doktor soll nicht jetzt schon wieder einen Dämpfer erleiden, das wäre wohl zu viel verlangt von Herrn S. Oder sollte er mich doch verstanden haben, denn er sieht mich plötzlich direkt an und sagt: »Ich will ganz ehrlich sein, sonst bringt das ja alles nichts. Ihr junger Kollege hat mir die Tür aufgemacht, und als ich ihm gesagt habe, ich sei vom Doktor an Sie überwiesen worden, habe ich es gleich bereut, ich hatte, ehrlich gesagt, sofort Mitleid mit Ihnen, wie ich Sie im Rollstuhl gesehen habe, und ich hab gedacht: ›Und so einer will mir helfen, hätte ich doch lieber nicht nach ihm gefragt, sondern die Dienste des Kollegen in Anspruch genommen!‹«

»Mensch, Herr S.«, sage ich, innerlich ein wenig entrüstet, aber auch heiß darauf, die Chance zu nutzen, »Sie können ja echt etwas Böses vom Stapel lassen, prima, das freut mich, denn als Sie eben hereinkamen, habe ich sofort gedacht: ›Der sieht ja aus wie ein kranker Gaul, ganz alle, so fix und alle!‹, so etwa …« – dabei gucke ich unglücklich und lasse mein Gesicht ganz lang werden, indem ich die Kinnlade nach unten klaffen lasse – »ehrlich, ich habe gedacht, hoffentlich will der nicht zu mir, aber wenigstens Mitleid füreinander, das haben wir, das verbindet uns, das lassen wir uns nicht nehmen, bei all dem Elend, aber als Sie hereinkamen, so ein alter Zotten, ich wollte schon sagen: ›Falsch hier, ich bin doch kein Veterinärmediziner!‹«

Herr S. wartet ab, lässt die Worte langsam zu sich kommen, dann freut er sich, schmunzelt zunächst verhalten, prustet dann lauthals. Unter Gekicher, sein Gesicht rötet sich, er wirkt fast gesund, fragt er: »Was sind Sie denn für ein Doktor?« »Sehen Sie doch, Herr S., ich bin auch so ein Kaputter wie Sie, so einer muss es doch mit schwarzem Humor versuchen, was hat der sonst noch für Möglichkeiten!?«

Herr S. freut sich, schmunzelt und sagt: »Prima, wird aber auch langsam wieder Zeit, dass der alte S. mal wieder lacht!« Früher habe er viel

Leidfaden, Heft 4 / 2013, S. 60–63, © Vandenhoeck & Ruprecht GmbH & Co. KG, Göttingen, 2013, ISSN 2192–1202

und gern gelacht, habe eine ganze Gesellschaft unterhalten können, ohne den S. hätte es den Leuten keinen Spaß gemacht. »Und jetzt wollen Sie mit Ihrem kranken Pferdegesicht der bösen Frau Ihres Herzens zeigen, wie sehr Sie leiden, noch immer leiden, wie eine beleidigte Leberwurst, ich sage es Ihnen, die wird leiden, wenn Sie wieder lachen wie eben, dann wird die sich aber ärgern! Rache ist Blutwurst, oder?«

Herr S. ist wie verwandelt. Er schmunzelt und kichert, lässt sich gern auf die Vorstellung ein, er könne auch ärgern, wird laut und lebendig, und am Ende der ersten Stunde berührt er beim Abschied leicht meine Schulter.

Humor in der Therapie – behutsam angewandt – fördert sicher den positiven Kontakt zwischen Patient und Therapeut, macht Schweres leichter – ohne zu bagatellisieren – und ermöglicht den Zugang zu einem freieren therapeutischen Klima. Psychotherapie nimmt sich dem Leiden der Patienten an.

Was aber, wenn nicht nur der Patient, sondern auch der Therapeut leidet, zum Beispiel unter Gefühlen der Ohnmacht bei der Psychotherapie mit einem depressiven Patienten, der zum Alkohol als Lösungsmittel neigt. Soll er etwa sagen: »Flaschen wie Ihnen ist einfach schwer zu helfen, da muss man das gesamte psychotherapeutische Repertoire einsetzen. Ich sage es Ihnen ganz klar, Alkohol ist nur ein Konservierungsmittel!«

Irvin Yalom zustimmend ist für mich der Hauptwirkfaktor bei Psychotherapie die Hoff-

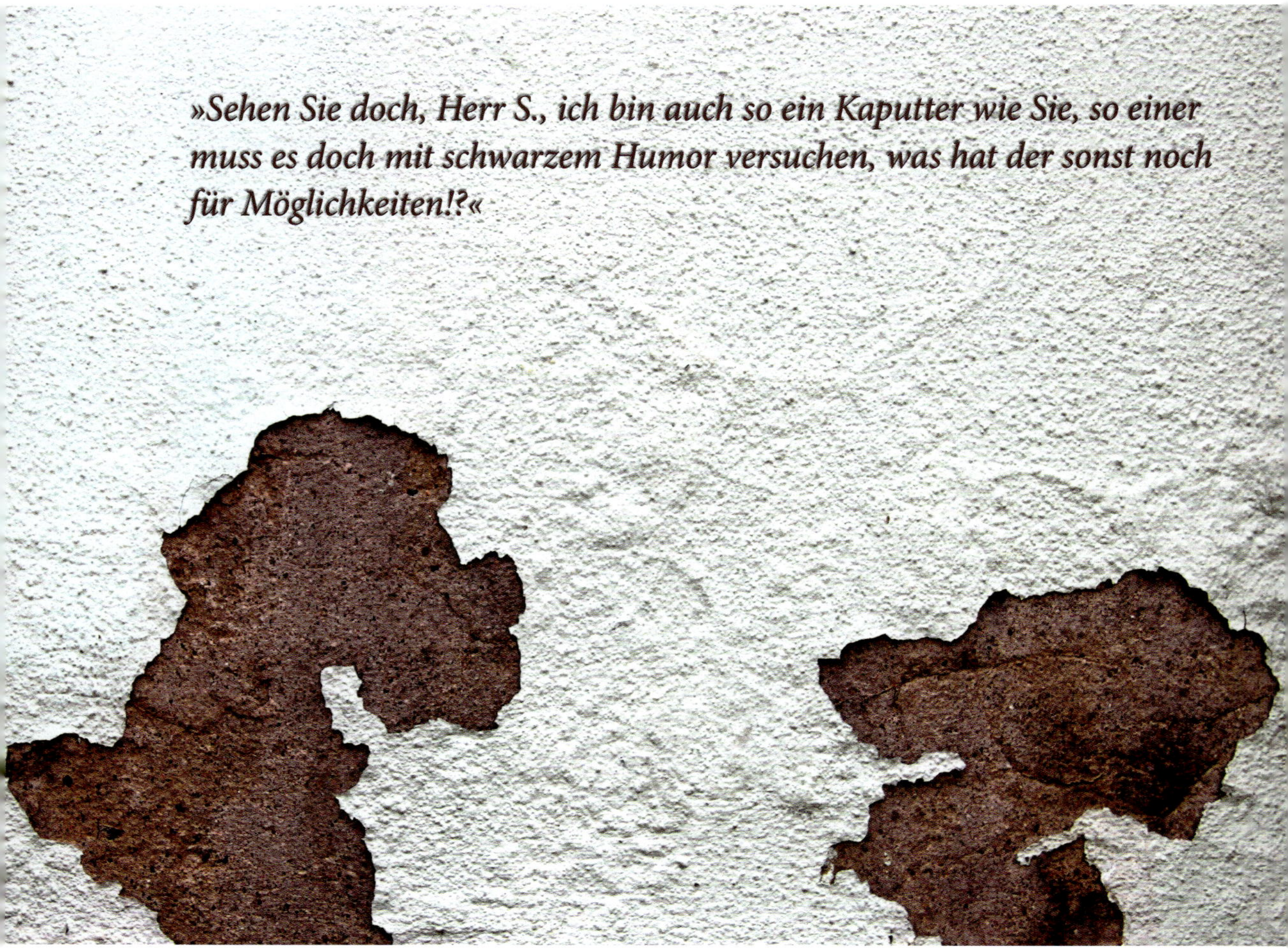

»Sehen Sie doch, Herr S., ich bin auch so ein Kaputter wie Sie, so einer muss es doch mit schwarzem Humor versuchen, was hat der sonst noch für Möglichkeiten!?«

nung auf »Heilung« und Hoffnung speist sich aus Liebe und Liebe umfasst auch Humor. Ein humorvoller Therapeut ist frei im Umgang mit Ohnmacht in der therapeutischen Beziehung, kann aus der nötigen Distanz heraus seine Kreativität einsetzen, um seine und die Ressourcen seiner Patienten zu nutzen. Dazu bedarf es oft einer Initialzündung, die ich mit einem alten jüdischen Sprichwort so ausdrücke: »Kann man nicht, wie man will, muss man wollen, wie man kann!«

Es fällt nicht immer leicht, nach vierzig Jahren therapeutischer Arbeit, den Humor besonders bei Patienten mit Depression zu bewahren. Wenn ich mich allerdings loslöse vom Schweren, dann könnte ich leichthin sagen: »So eine Depression ist einfach nur eine schwere Verstopfung, das heißt, man muss, aber man kann nicht, wenn man es trotzdem versucht, weil man sonst den Appetit verliert, dann wird der Anfang hart sein, Bewegung mag nützen, aber man muss mit seinen Ängsten durchzufallen umgehen und auch mit der Angst vor Potenzverlust und der Tendenz zu Geiz fertig werden.«

In der Montagssprechstunde der Praxis, gedacht als eine Möglichkeit, auch außer der Reihe mal kurz vorbeikommen zu können, kommt Herr S. drei Tage später geradezu behende in mein Zimmer gesprintet und gibt mir zwei Kalendersprüche der letzten Tage zu lesen, die beide mit Humor und Lachen zu tun haben. »Gefällt mir bei Ihnen«, sagt er in seiner trockenen Art, die an sich schon witzig ist.

»Kein Mitleid mehr?«, frage ich und füge hinzu: »Ich meine dieses Selbstmitleid, von dem Sie sich so viel versprochen haben!« Er ist wie erlöst. Mal sehen, wie es weitergeht, denke ich, skeptisch wegen seiner starken Herzprobleme, hoffentlich bringen die ihn nicht um, es ist schön, ihn so befreit zu erleben und es ein bisschen herausgelockt zu haben.

Beim nächsten Mal erzählt mir Herr S., seine »Ex« habe ihn auf der Straße abgefangen und habe ihn gebeten, ihr Ersatz für eine defekte Klappe ihrer Waschmaschine zu besorgen, er könne das gut, weil er ja in einer entsprechenden Firma beschäftigt sei. »›Halt deine Klappe!‹, haben Sie gesagt?«, frage ich. »Hätte ich am liebsten, aber das fällt mir am schwersten«, sagt Herr S. »Das Liebste fällt am Schwersten, Sie sind vielleicht ein Schlaumeier«, stelle ich fest, »dabei hat die Wissenschaft festgestellt, dass man für ein schnelles ›Nö!‹ viel weniger Muskelkraft braucht als für ein lang gezogenes, ambivalentes ›Jaaa!‹.«

Darüber müsse er nachdenken, meint Herr S. fröhlich, er könne auf seine alten Jahre noch eine Menge lernen, alles Sachen, die ihm gefielen. Ich warne vor Übermut, er winkt ab.

Ich arbeite gerne mit Metaphern, das heißt mit der Verbildlichung von Alltagsbegriffen und mit liebevoller Konfrontation. Sagt der Depressive, er fühle sich am Ende seiner Kraft, ihm stehe das Wasser bis zum Hals, bitte ich ihn jetzt, wie ein Schiffsbrüchiger nach Hilfe zu rufen und dabei die Hände zu mir auszustrecken. Willigt er ein, so bitte ich ihn, laut zu rufen, so kräftig er könne, fragt er, ob er nicht andere störe, dann sage ich, das sei unvermeidlich, nur ein Schreihals bekomme Muttermilch.

Der Patient, 43 Jahre alt, ist trockener Alkoholiker mit einer mittelschweren reaktiven Depression. Er ist verschlossen und affektiv kaum erreichbar. »Scheißleben«, sage ich, »kein Wodka, nix Flottes mehr auf die Zunge …« Er schaut mich entrüstet an. »Und was machen die alten Saufkumpels so?«, frage ich, »immer noch hoch die Tassen?« »Weiß nicht, kein Kontakt mehr!« Der Patient atmet schwer. »Und, was saufen Sie – Entschuldigung – seufzen Sie so?« »Ist echt anstrengend hier!« »Also am liebsten würden Sie jetzt abhauen!« »Stimmt.« »Bleiben Sie doch bitte hier, die Bar hat geschlossen!«

Dr. Wolfgang Neumann, geboren 1944, arbeitete lange an der Universität Bielefeld, seit zehn Jahren in eigener psychologischer Praxis tätig. Veröffentlichte diverse Fachbücher unter anderem zu »Humor in der Therapie« und »Therapie mit Männern«.

E-Mail: wn@neumann-abel.de
Website: www.wolfgangneumann.net

Trauer und Humor

Beatrix Wondraczek

Lachen und Weinen sind wie Geschwister auf der bunten Blumenwiese

Eine Krise, die durch einen schmerzvollen Abschied ausgelöst wird und zunächst Schock und Angst vor Einsamkeit hervorruft, kann sich schließlich als Wegweiser für eine neue Betrachtung des Lebens entwickeln. Wie kann Humor darin auch eine Bedeutung bekommen? Oder wirkt Humor in Zeiten, in denen das Herz voller Schmerz ist, zynisch und verletzend? Was ist Humor?

Humor ist eine zutiefst menschliche Fähigkeit, Lebenswidrigkeiten gefasst hinzunehmen und den Umgang mit dem Unvermeidlichen etwas leichter zu machen. Wenn man schon das Unausweichliche nicht vermeiden kann, könnte man das, was unvermeidlich ist, nämlich den Tod, in einer gewissen Ausgeglichenheit oder Distanz sehen.

Humor wird gern als Haltung dem Leben gegenüber definiert, im Sinne einer Gabe, belastende Situationen zu bejahen, so wie sie sind. Diese Gabe kann im Laufe des Lebens durch Auseinandersetzung und Reifung erworben und verfeinert werden. Humor stellt vieles auf den Kopf, verdreht, hinterfragt und verändert. Viktor Frankl meinte dazu, dass »nichts mehr geeignet ist, Distanz zu schaffen, als der Humor«. Mit dieser Fähigkeit können schwierige Situationen entzerrt werden, Sprachlosigkeit durchbrochen und Abstand zu Belastungen geschaffen werden.

Mit einer humorigen Haltung können sich Weinen und Lachen fast als Paradoxon die Türklinke in die Hand geben. Wenn Tränen der Trauer fließen können, sind es häufig die unausgesprochenen Worte, die sich Ausdruck verleihen wollen. Dabei kann sich der Schmerz befreien. Dieser Prozess wird in manchen Situationen von einem Lachen abgelöst, nämlich genau dort, wo durch das innere Loslösen sich neue Räume eröffnen.

Speziell in Phasen des Sterbens und einer tiefempfundenen Trauer überraschen plötzlich auch die inneren kraftvollen und stärkenden Potenziale, welche letztendlich auch Trauernde über diese so wichtige Wegstrecke tragen können. Aus diesem Blickwinkel heraus kann man erkennen, dass Lachen und Humor eine mögliche Strategie bieten können, um der Trauer eine besondere Note abzugewinnen.

Eine humorvolle Anteilnahme kann helfen, Beziehungen etwas leichter und gelassener zu gestalten, und fördert ein Versöhnen mit dem eigenen Unvermögen. Humor ist vor allem eine Gabe des Herzens und eine Lebenshaltung, die Mut und Empathie im Umgang mit Trauernden erfordert. Mit Feingefühl unterstützt Humor durch eine Prise Lächeln die Bewältigung einer sehr schmerzvollen Lebenssituation.

Folgender Praxisbericht möge eine Möglichkeit dazu anbieten, wie ein humoristischer Blick am Puls des Abschiednehmens befreiend sein kann.

Als Bettina, 38 Jahre, verheiratet und Mutter eines zehnjährigen Mädchens, von ihrem Bruder Abschied nehmen wollte, wandte sie sich an ihre Bezugspflegeperson Astrid vom Palliativteam. Die junge Mutter und Betroffene hatte zu Astrid in den drei Jahren der Erkrankung ein großes Vertrauen aufgebaut, war sie ja auch die Begleiterin von Bettina bei vielen Befundbesprechungen. Als die Erkrankung weit fort-

Leidfaden, Heft 4/2013, S. 64–67, © Vandenhoeck & Ruprecht GmbH & Co. KG, Göttingen, 2013, ISSN 2192-1202

Humor stellt vieles auf den Kopf, verdreht, hinterfragt und verändert.

geschritten war und Bettina sehr bewusst von ihrer Familie Abschied nehmen wollte, fragte sie Astrid, ob sie sie beim Gespräch mit dem Bruder, zu dem sie ein inniges Verhältnis hatte, unterstützen würde.

So kam es, dass mit Franz der Wunsch seiner Schwester besprochen wurde, und sie vereinbarten einen Termin. Bettina saß im Bett und Franz nahm am kleinen Tisch im Zimmer Platz. Schweigen war im Raum, keiner wagte das Gespräch zu eröffnen. Da fragte Astrid, ob sie ihr eine heitere Geschichte aus ihrer gemeinsamen Kindheit erzählen möchten. Bettina schmunzelte und überlegte kurz, bevor sie zu erzählen begann. Plötzlich sprudelte ein Erlebnis nach dem anderen aus ihrem Mund. Auch Franz erzählte seine Geschichten. Es war ein sehr lebendiger und erfrischender Anblick, als die beiden immer mehr in ein gegenseitiges, fröhliches Erzählen eintauchten. Die Pflegeperson erlaubte sich eine weitere Frage: »Möchtet ihr mir vielleicht eine ganz besondere gemeinsame Geschichte erzählen, bei der ihr aus tiefem Herzen Freude und Lachen gespürt habt?« Es kam von beiden noch eine Erzählung, die für sie eine ganz spezielle war. Nach einer kleinen Pause verabschiedeten sie sich mit einer langen Umarmung, mit Tränen und einem Lächeln im Gesicht. Jeder ging seines Weges.

Nach dem Begräbnis, zu dem Astrid eingeladen war, sagte der Bruder: »Danke, für die Begleitung beim Abschiednehmen von meiner Schwester. Niemals hätte ich das für möglich gehalten, beim letzten Abschied so lachen zu können. Dieses Bild, diese Erinnerung nehme ich mir mit – danke.«

Lachen – die sichtbare Sprache des Humors

Das Lachen wird als sichtbare Ausdrucksform des Humors beschrieben und Humor wird als nonverbale Sprache erlebt, die direkt von einem Menschen zum anderen überspringt. Für den Gebrauch von Humor gibt es kein Rezept, nur das eigene Wahrnehmen und Reflektieren, wo die Grenzen des Verletzens sind. Ein zartes Lächeln mit Respekt vor dem Verlust des anderen öffnet jedenfalls die Begegnung zwischen den Menschen und kann mit einer geistigen Dusche verglichen werden, die einen Perspektivenwechsel eröffnet.

Ein Lächeln vermittelt Trauernden Wärme und Geborgenheit, jedoch kann es im falschen Moment auch wie ein Schlag ins Gesicht wirken. Jeder Schritt von Humor und Trauer braucht somit sorgfältige Behutsamkeit. Humor ist wie ein bunter Blumenstrauß, dessen Vielfältigkeit nur durch entsprechende Empathie zum Ausdruck gebracht werden kann. Lächeln signalisiert jedoch Friedfertigkeit und zeigt die Bereitschaft, in Kontakt treten zu wollen, ist also ein geeignetes Tor, auch der Gegenseite der Trauer Einlass zu gewähren.

In der Begleitung Trauender sind Gespräche mit Parabeln und Metaphern sehr entspannend. Sie eröffnen die Bühne eines Dritten, was in schwierigen Zeiten durch die gewonnene Distanz eine gewisse Erträglichkeit und ein Annehmen der Situation schafft. Ein kleiner Wegweiser ist auch die Einladung an Trauernde, sie mögen von gemeinsamen, schönen und erfrischenden Begegnungen erzählen. Was haben sie am anderen ganz besonders gemocht und geliebt? Die Erinnerung an die gegenseitige Liebe, die liebenden Momente lässt im Herzen eine wärmende Dankbarkeit aufkeimen und kann in einem lächelnden Blick Trost finden.

»Reisen Sie dorthin, wo Sie miteinander gelacht haben. Gab es vielleicht gemeinsame Abenteuer, die Sie heute zu Helden macht und über die erst jetzt gesprochen werden kann?!« Was ist besonders in diesem Kontakt? Patch Adams meint, dass Humor im Leben ebenso wichtig sei wie die Liebe – sie gehören als gleichberechtigte Partner zusammen, um der geistigen Gesundheit zu huldigen.

© Beatrix Wondraczek

Aus meiner Erfahrung bringen diese Erzählungen Trauernde in einen Fluss, so dass es anstatt Erstarrung wieder Strömungen gibt. Es tun sich kleine Sandbänke der Hoffnung auf, die einen zarten Wind für einen neuen Lebensabschnitt spürbar macht. Die Einladung, das Leben als Fluss zu betrachten, entspannt die Themen Lebensgestaltung, Tod und Trauer. Metaphern und Bilder laden dazu ein, Situationen von außen zu betrachten, und regen gleichzeitig an, unkonventionell und außerhalb von gesellschaftlichen Normen zu denken. Und genau dies ist die Verbindung zu Humor.

Humor und Heiterkeit in allen Lebensphasen eröffnen Überraschung. Dadurch können wir die Perspektive erweitern und das Leben von den unterschiedlichsten Seiten kennenlernen. Der Spagat zwischen Lachen und Weinen in der Trauerphase braucht Präsenz und Achtsamkeit, um sich in dieser Phase des Lebens wie Geschwister die Hand reichen zu können.

Fritz Roth, verstorbener Bestatter aus Bergisch Gladbach, versuchte durch seine Initiative eines privaten Bestattungsinstitutes »Trauer braucht eine Heimat« neue Aspekte in die Trauerarbeit hineinzubringen. Er meinte in einem Interview, Trauer ist Liebe und Liebe drückt sich in den unterschiedlichsten Formen aus. So kann diese Trauer ein Lächeln sein – ein Lächeln, das die Sprache des Herzens ausdrückt.

Humor mit ausreichend Feingefühl, fernab von jeglichen Standards setzt Zeichen zum Du – zum Du am Lebensende, zum Du bei Trauernden … zum Du des Lebens. Lothar Hinz drückt es mit den Worten aus:

»Der kürzeste Weg zwischen zwei Menschen ist ein Lächeln.«

Beatrix Wondraczek, MAS Palliative Care, ist Pflegefachfrau in der Palliative Care, Humorberaterin, systemischer Coach und ganzheitliche Gesundheitsberaterin in eigener Praxis. Lehrbeauftragte an der Kardinal-König-Akademie in Wien sowie nationale und internationale Referentin und Seminarleiterin. Schwerpunkte sind Humor statt Sprachlosigkeit und der salutogenetische Blick am Ende des Lebens. Maskenlos steht für die Lebendigkeit im Hier und Jetzt.

E-Mail: beatrix.wondraczek@maskenlos.at
Website: www.maskenlos.at

Literaturhinweise

Adams, P., Mylander, M.: Gesundheit! Oberursel 1997.

Berger, P. L.: Erlösendes Lachen. Das Komische in der menschlichen Erfahrung. Berlin und New York 1998.

Bischofberger, I.: Das kann ja heiter werden. Humor und Lachen in der Pflege. Humor – Ein Pflegekonzept im Aufwind. Bern u. a. 2002.

Frankl, V. E.: Ärztliche Seelsorge. Grundlagen der Logotherapie und Existenzanalyse (1946). Frankfurt a. M. 1991.

Hinz, L.: Der kürzeste Weg zwischen zwei Menschen ist ein Lächeln. Bern u. a. 1998.

Titze, M.: Die heilende Kraft des Lachens. Mit therapeutischem Humor frühe Beschämungen heilen. München 2004.

Titze, M., Eschenröder, C. T.: Therapeutischer Humor. Grundlagen und Anwendungen. Frankfurt a. M. 2007.

*»Seid fröhlich mit den Fröhlichen und traurig mit den Trauernden.«
Ich möchte Seelsorger sein und nicht Seelsarger.*

Humor ist der Schlüssel zur Seele

Aus dem Alltag eines Zirkus-, Markthändler- und Schaustellerseelsorgers

Ernst Heller

Seit über acht Jahren arbeite ich als Zirkus-, Markthändler- und Schaustellerseelsorger und die Faszination für diese Lebenswelten hat kaum nachgelassen. Im Gegenteil: In Gottesdiensten trage ich eine Stola, die ich geschenkt bekommen habe, mit Bildern aus der Clown- und Zirkuswelt!

Mein Arbeitsalltag ist so facettenreich wie meine »fahrende Gemeinde« selbst. Die Erfahrungen bestätigen mir, wie notwendig diese Arbeit in einer Welt ist, die immer multikultureller und multireligiöser wird. Ob marokkanische Zeltarbeiter oder polnische Trapezkünstler, viele suchten das Gespräch mit mir, um über Fragen des Lebens zu reden. Artisten brauchen nicht nur die Balance, sondern auch den Glauben als Netz für waghalsige Nummern.

Als Zirkusbesucher sieht man die schöne Seite, das Fröhliche, das Unbeschwerte, die artistische Kunst, den Clown, der ein Publikum berühren und zum Lachen bringen kann. Doch ich habe schon einige Male erlebt, dass jemand sich vor dem Gang in die Manege die Tränen abwisch-

Leidfaden, Heft 4/2013, S. 68–70, © Vandenhoeck & Ruprecht GmbH & Co. KG, Göttingen, 2013, ISSN 2192–1202 te und ein lustiges Gesicht aufsetzte. Diese Seite gibt es auch und gerade bei tragischen und traurigen Ereignissen bin ich als Seelsorger betroffen und herausgefordert.

Hinter der schillernden Zirkuswelt und dem süßen Duft von Zuckerwatte

Zirkusleute müssen trotz persönlicher Probleme oder Schicksalsschlägen ihren oft harten Beruf ausüben, gute Laune zeigen und die Leute unterhalten. Zirkus bedeutet Reisen, Auf- und Abbau, Lachen, aber auch Melancholie und Traurigkeit. Lachen und Weinen liegen in dieser Welt nah beieinander. Das spüre ich besonders dann, wenn ich die Artisten- und Schaustellerfamilien in ihren Wohnwagen aufsuche und schwelende Konflikte miterlebe. Ich spüre das, wenn ich Werkstatt- oder Zeltarbeiter, die bei jeder Witterung arbeiten müssen, oder einen älteren Artisten besuche, dessen Zeit in der Manege abgelaufen ist.

Auch der immer härter werdende Konkurrenzdruck und die derzeit schwierige Wirtschaftslage erschweren ihren Alltag. Viele Fahrende leiden auch unter dem Druck des Funktionierenmüssens, deshalb ist der Seelsorger in dieser Welt mehr denn je gefordert. Oftmals ist hier der Humor der Schlüssel zur Seele – ein aufmunterndes Wort, Streit schlichten, Menschen trösten, nicht zu kompliziert, nicht zu theologisch, einfach mit ihnen den Weg gehen, wie es im Römerbrief (12,15) heißt: »Seid fröhlich mit den Fröhlichen und traurig mit den Trauernden.« Ich möchte Seelsorger sein und nicht Seelsarger.

© Vera Rüttimann

Doch ich habe schon einige Male erlebt, dass jemand sich vor dem Gang in die Manege die Tränen abwischte und ein lustiges Gesicht aufsetzte.

Große Ohren und ein offenes Herz

Als ich 1999 meine Arbeit als Zirkus- und Schaustellerpfarrer aufnahm, war meine Tätigkeit ein beinahe unbekanntes Arbeitsfeld. Seitdem hat das Interesse daran merklich zugenommen. Durch gezielte Öffentlichkeitsarbeit und unzählige Antrittsbesuche wissen inzwischen immer mehr Schausteller und Artisten, dass es einen Seelsorger zum »Anfassen« gibt, bei dem sie auch anklopfen können.

Das fahrende Volk ist auf eine besondere Art religiös. Oftmals laden mich die Artisten in ihren Wohnwagen ein und zeigen mir Kettchen und Amulette, ihre Glücksbringer. Toleranz, Liebe zur Einzigartigkeit des Menschen und Sachverstand sind bei der Arbeit gefragt, wenn ich nicht nur Christen, sondern auch Muslime, Buddhisten und Hindus besuche. Ich bin kein Zirkusmissionar, sondern einfach nur da, wenn man mich braucht.

Die Zirkus-, Markthändler- und Schaustellerseelsorge ist für mich ein faszinierendes, aber auch schwieriges Arbeitsgebiet. Es braucht in dieser Branche viel Sensibilität und Einfühlungsvermögen, um die Werte, die Mentalität und die Alltagssorgen der zutiefst von ihrer fahrenden Lebensweise geprägten Menschen zu verstehen. Um die Brücke zu bauen, hilft Frieda, meine Klarinette, manchmal mehr als jedes gut gemeinte Wort. Musik kommt ganz ohne Sprache aus und wird von jedem verstanden.

Ein Gottesdienst mit Elefanten

Nebst der Seelsorge gehören zu meinen Aufgaben auch pastorale Dienste wie Trauungen, Taufen oder Bestattungen. Ebenso gehört zu meinem priesterlichen Dienst der Besuch von älteren und pflegebedürftigen Artisten, Markthändlern und Schaustellerleuten in ihren Heimen und Wohnwagen. Ich bin ein ganz normaler Pfarrer wie andere auch, einfach ohne festes Pfarreigebiet und ohne eigene Kirche. Meine Kirche ist das Zirkuszelt oder die Autoscooter-Bahn im Vergnügungspark. Jährlich finden zum Beispiel der Autoscooter-Gottesdienst auf der »Luzerner Mäss« oder der traditionelle Schausteller-Gottesdienst mit Bandauftritt beim Münchner Oktoberfest statt.

Diese Gottesdienste werden erlebnisreich, lebendig und oft auch unkonventionell gefeiert. Um die Grenzen nicht zu überschreiten, braucht es Gespür und religiösen Tiefgang. Ein Gottesdienst darf nicht Showtime sein, mit der die Menschen unterhalten werden. Humoristisches soll hier gezielt eingesetzt werden und muss eine biblische Botschaft beinhalten. Für einen Priester gilt hier dasselbe wie für einen Clown. Ein Clown ist hochsensibel. Er kann sowohl die tiefsten als auch die höchsten Töne des Lebens spielen; sein Humor ist tiefgründig.

Wie jeder Clown lege auch ich einen tieferen Sinn in einen unterhaltsamen Auftritt. Show? Ja, aber bitte mit Tiefgang! So hatte ich zum Beispiel bei einem Gottesdienst für sehbehinderte Menschen Elefanten in der Manege. Blinde Menschen konnten die Tiere berühren und betasten und jeder hat etwas anderes wahrgenommen und erfasst. So ist es auch beim Glauben. Menschen haben verschiedene Stücke vor sich, die sie begreifen und die für sie Bedeutung haben, doch das Ganze ist stets präsent und verständlich. Solche Gottesdienste ermöglichen neue und ungewöhnliche Zugänge, mit denen man die Menschen erreichen kann.

Ernst Heller ist katholischer Zirkus-, Markthändler- und Schaustellerseelsorger. Er studierte Theologie in Luzern und Chur und wurde 1980 zum Priester geweiht. Seit der Ernennung zum Zirkus- und Schaustellerseelsorger 2005 übt er dieses Amt vollzeitlich aus. Er ist regelmäßig Gast beim Internationalen Zirkus-Festival in Monte Carlo, dem Internationalen Zirkus- und Schaustellerkongress und amtet als Seelsorger im Europapark Rust. Mehr zu seinem Leben und Wirken in: »Ernst Heller – der Clown Gottes« von Vera Rüttimann (Zürich 2010).

E-Mail: pfarrerheller@bluewin.ch
Website: www.pfarrerheller.ch

Ein Pfarrer sammelt Todesanzeigen

Hans Mader

1. Ein Pfarrer sammelt Todesanzeigen – und was passiert dann?

Es fing alles ganz harmlos an. Meine Lokalzeitung hatte Mitte der 1980er Jahre außergewöhnliche Sammler gesucht. Ich hatte mich unvorsichtigerweise gemeldet. Ein wohlwollender Artikel war erschienen. Doch was dann über mich hereinbrach, überstieg meine Vorstellungskraft bei weitem.

Eine Presseagentur hatte ohne mein Wissen oder Einverständnis in die Republik getickert: »Pastor aus Ratzeburg sammelt Todesanzeigen.« Mittags klingelte es. Zwei Mitarbeiter der »Bild«-Zeitung standen auf der Matte und hatten schon Fotos von mir geschossen, bevor ich überhaupt verstanden hatte, worum es ging. Kaum war ich die beiden wieder los, rief RIAS Berlin an und bat um ein Live-Telefoninterview mit mir. Der Hörer lag noch nicht auf der Gabel, da stand RTL mit einem Fernsehübertragungswagen vor der Tür.

Eine Medienwelle überrollte mich, auf die ich in keinster Weise vorbereitet war. Es gab Interviewanfragen von den obskursten Radiosendern und Einladungen zu diversen Fernseh-Talkshows. Ein Verleger bot mir an, mit mir ein Buch über meine Sammlung zu veröffentlichen. Studenten meldeten sich, die mit dem Thema Todesanzeigen befasst waren und nach Literatur fragten. Vor allem aber: Eine Flut von Todesanzeigen füllte Tag für Tag meinen Briefkasten, geschickt von Menschen, die in ihrem »Schwarzwaldboten« – oder wo auch immer – gelesen hatten: »Pastor aus Ratzeburg sammelt Todesanzeigen.« Sie wollten mir ihre Schätze anvertrauen.

Die Medienwelle ebbte ab und brandete nach der Veröffentlichung meines Buches »Es ist echt zu bitter« und einer Rezension des »Spiegel« darüber 1990 wieder auf. Das Thema beschäftigt mich nunmehr seit über fünfundzwanzig Jahren, durchaus auch mit positiven Folgen: Einladungen zu Akademievorträgen und Kontakte zu Universitätsfakultäten, die Todesanzeigen als empirisches Material für ihre Forschungen über Sterben, Tod und Trauer verwenden, zum Beispiel Germanisten, Psychologen, Soziologen oder Theologen.

Und das alles, weil die Presseagentur damals getickert hatte: »Pastor aus Ratzeburg sammelt Todesanzeigen.« Offensichtlich ist es für die Öffentlichkeit spannend, für manche auch ein bisschen zwielichtig, wenn ein Pastor so etwas tut.

2. Ein Pfarrer sammelt Todesanzeigen – warum eigentlich?

Meine erste Todesanzeige, die ich aufgehoben habe, war die meiner Mutter. Sie ist früh an Krebs gestorben. Ich war gerade dreizehn Jahre alt. Seitdem hat mich die Auseinandersetzung mit dem Tod nicht mehr losgelassen. Auch als Pastor habe ich beruflich immer wieder mit Sterbenden und Trauernden zu tun. Ich muss Todesnachrichten überbringen und regelmäßig Beerdigungen gestalten. Der Tod war und ist aus meinem Alltag nicht wegzudenken. Wahrscheinlich ist meine Beschäftigung mit den Todesanzeigen ein Stück Trauerarbeit für mich.

Seit meinem Studium habe ich regelmäßig Todesanzeigen gelesen. Irgendwann habe ich angefangen, außergewöhnliche Anzeigen auszuschneiden und zu sammeln. Die meisten Anzeigen werden nach Vorlagen gestaltet, die die Bestatter oder Zeitungsredaktionen bereithalten. Das ist für die Angehörigen in der Regel eine gro-

Leidfaden, Heft 4/2013, S. 71–74, © Vandenhoeck & Ruprecht GmbH & Co. KG, Göttingen, 2013, ISSN 2192-1202

»Folge nie der Menge, nur weil du Angst hast, anders zu sein.«

Margaret Thatcher

geb. Roberts

*13.10.1925 † 8.4.2013

London

In Erinnerung an die Eiserne Lady

www.RuheinFrieden.de

Bei der Vorbereitung zur Treibjagd hat uns unser Jagdpächter

Hans Müller

plötzlich verlassen und ist als Naturfreund und Waidmann in die ewigen Jagdgründe hinüber gewechselt

Ein letztes Waidmannsheil!

Alfred, Gerhard und Jens

www.RuheinFrieden.de

ße Hilfe. Ich habe jedoch nur Anzeigen gesammelt, die individuell formuliert wurden. Ich nutze sie als Material im Konfirmandenunterricht zum Thema »Was erwarten die Menschen nach dem Tod?« oder ich verwende sie als Einstieg für Predigten am Totensonntag.

Zunächst habe ich die Anzeigen in einem Schuhkarton untergebracht. Als es jedoch immer mehr wurden – inzwischen sind es wohl mehrere Tausend –, musste ich mir eine Systematik ausdenken, um bestimmte Anzeigen wiederfinden zu können. Dabei habe ich sie umquartiert in Klarsichtfolien und sie nach folgendem Schema in Aktenordnern einsortiert:

Kapitel 1: Menschen, die gestorben sind. Als Unterkapitel ergaben sich: Mütter, Väter, Ehepartner, Kinder, Freunde; aber auch Berufsgruppen wie Politiker, Pastoren, Ärzte, Sportler, Künstler, Fernsehstars; und auch Landsleute wie Bayern, Rheinländer oder DDR-Bürger.

Kapitel 2 enthält Anzeigen über Todesursachen oder -umstände. Unterkapitel sind hier: Krankheiten, Unfälle, Mord, Suizid, aber auch moderne Todesarten wie Drogen oder Aids.

Im 3. Kapitel schließlich habe ich die unterschiedlichen Jenseitsvorstellungen untergebracht: Wiedergeburt oder das Nichts, Weiterleben in der Erinnerung der Angehörigen und natürlich auch christliche Bilder. Wenn ich in Todesanzeigen außergewöhnliche Formulierungen zu diesen Themen finde, schneide ich sie aus und sortiere sie entsprechend ein.

Ich bin umgezogen!

Gerhard B

*23. Juli 1950 †17. Juli 2012

Neue Adresse:

Friedhofstraße 51
28213 Bremen

Über Besuch freue ich mich.

Der Herr hat einen Steinhäger
zu sich genommen.

Kurt Schlichte

*16. Februar 1905 †12. Juni 1989
Steinhagen Hamburg

Ich nehme Abschied in Liebe.
Axel Schlichte

Bei der Beschäftigung mit den Todesanzeigen habe ich zwei grundlegende Erkenntnisse gewonnen:

1. Jede Todesanzeige ist ein Stück Trauerarbeit.
Es ist auffallend, dass in Todesanzeigen kaum jemand »stirbt«. Das Wort »sterben« klingt den Angehörigen in ihrer ersten Trauerphase zu grausam und endgültig. In zwei Dritteln der Todesanzeigen wird das Verb »schlafen, entschlafen« verwendet. Nur vier Prozent benutzen das Verb »verstarb«.

In den letzten Jahren häufen sich Anzeigen, die gar nicht mehr den Tod eines Menschen bekannt machen, sondern die nur noch den Schmerz, die Verzweiflung und Trauer der Angehörigen in die Öffentlichkeit hinausschreien. Sie sind oft ein Hilferuf. Es gibt immer mehr – wie ich sie nenne – »anonyme Todesanzeigen«. In ihnen wird höchstens noch der Vorname des Verstorbenen erwähnt, sonst erfahren wir über ihn nichts, umso mehr aber über die Trauer der Hinterbliebenen.

2. Jede Todesanzeige ist ein Glaubensbekenntnis über das, was nach dem Tod kommt.
Da gibt es sehr unterschiedliche Einstellungen: Ist mit dem Tod alles aus und vorbei? »Der Rest ist Schweigen!« steht über der Anzeige eines Schiffsingenieurs. »Rien ne va plus!« Nichts geht mehr. So formuliert eine junge Frau das Ableben ihres Freundes. Manche Angehörigen flüchten in Sar-

kasmus. Über einer Anzeige steht ein Ausspruch des Fernseh-Entertainers Hape Kerkeling: »Das ganze Leben nur ein Quiz? – Hurz!« Oder eine Familie zitiert den legendären italienischen Fußballtrainer Giovanni Trapattoni in seinem holprigen Deutsch mit der zum Kult gewordenen Formulierung: »Ich habe fertig!«

Die Vorstellung einer Wiedergeburt findet man in Todesanzeigen selten. Viele hoffen dagegen auf eine Unsterblichkeit auf Erden. Die einen leben in den Herzen ihrer Angehörigen weiter. Andere hoffen, dass die Toten in ihren Nachkommen unsterblich werden. Wieder andere glauben, in dem weiterzuleben, was jemand geleistet hat. »Ein unvergessliches Leben im Dienst der Kurzschrift ist vollendet« weist auf die unsterblichen Verdienste eines Berliners hin. Berühmte Politiker »haben sich um unser Vaterland verdient gemacht« und werden deshalb »in die Geschichtsbücher« eingehen.

Einige leiten ihre Hoffnung auf ein Leben nach dem Tod aus dem Beruf des Verstorbenen ab. Ein »Hubertusjünger« geht »in die ewigen Jagdgründe« ein. »Und wenn der Jüngste Tag bricht an, dann steig ich aus dem Grab, und wieder geht's mit Hussa dann ins wilde Tal hinab.« Wieder andere beziehen ihre Hoffnungsbilder aus der Literatur oder der Bibel.

3. Ein Pfarrer sammelt Todesanzeigen – einige Beispiele

Beispiel Professor Josef Kroll: »*Er war die Personifizierung geistigen Hochmutes und menschlichen Versagens.*« Der Hintergrund: Es handelt sich hier um eine späte, posthume Rache. Der Schwiegersohn des Professors, einer der größten Juweliere Kölns, hatte vor vielen Jahren um die Hand der Tochter des Professors angehalten. Der hatte zunächst abgelehnt mit der Bemerkung: »Wir brauchen keine Handwerker in der Familie.« Als der alte Herr sich nicht mehr wehren konnte, hat der Juwelier durch die oben zitierte Bemerkung in der Todesanzeige späte Rache geübt.

Beispiel Steinhäger: »*Der Herr hat einen Steinhäger zu sich genommen. Kurt Schlichte, geboren in Steinhagen.*« Nach Erscheinen dieser Anzeige im Hamburger Abendblatt rief mich der Pressesprecher der Nordelbischen Kirche an und fragte: »Ist das Blasphemie, Gotteslästerung? Müssen wir da als Kirche reagieren?«

Beispiel Crümel Pliverits: »*Scheiß Motorrad. Mach's gut, Alter.*« Drei Freunde haben den tödlichen Unfall ihres Kumpels Crümel miterlebt. Sie werden damit nicht fertig und geben diese ganzseitige Anzeige in einer Berliner Tageszeitung auf. Sie schreien ihren ganzen Frust, ihre Verzweiflung und Trauer heraus mit der plakativen Formulierung »Scheiß Motorrad«.

Beispiel: »*Ruhe sanft auf beiden Seiten und wenn noch Platz: Auf Wiedersehen!*« Sie können lange über diesen rätselhaften Text in einer Todesanzeige grübeln. Sie werden kaum auf die Lösung kommen. Es handelt sich hier nicht um einen merkwürdigen Totenkult, sondern schlicht um das Versehen eines Bestatters. Angehörige hatten sich einen Merkzettel mit diesem Text geschrieben und ihn beim Beerdigungsinstitut liegen lassen. Der Bestatter dachte fälschlicherweise, es handle sich um den gewünschten Text für die Todesanzeige. In Wirklichkeit sollte es aber der Text für die Kranzschleife sein. Auf beiden Seiten sollte dort stehen »Ruhe sanft!« und wenn noch Platz auf der Schleife wäre, sollte hinzugefügt werden: »Auf Wiedersehen!«

Hans Mader, geboren 1949 in Köln. Er ist seit 1981 Pastor der evangelisch-lutherischen Kirchengemeinde St. Georgsberg in Ratzeburg. Seit seiner Studentenzeit sammelt er Todesanzeigen. Veröffentlichung: »Es ist echt zu bitter« (Hamburg 1990).

E-Mail: hans.mader@st-georgsberg.de

Literaturhinweise

Sprang, C., Nöllke, M.: »Aus die Maus«. Ungewöhnliche Todesanzeigen. Köln 2009.

Sprang, C., Nöllke, M.: Wir sind unfassbar. Ungewöhnliche Todesanzeigen. Augsburg 2011.

Trauerportal www.RuheinFrieden.de

Bloß keinen trockenen Streuselkuchen!

Die Erfahrungen mit dem Tod im Rheinland

Rainer Pause

Vor zwanzig Jahren erreichte mich die Anfrage eines Bestatters namens Fritz Roth, er wolle gern in seinem Bestattungshaus ein Programm veranstalten, das sich humorvoll mit dem Thema Tod und Sterben auseinandersetzt. Die Vorstellung, Witze zu machen über den Tod, fiel mir einigermaßen schwer in einer Zeit, in der meine Generation, der ja das Erleben eines Krieges erspart geblieben war, durch die vielen Aids-Toten erstmals so früh mit dem Sterben konfrontiert wurde.

Andererseits hatte ich gerade ein Erlebnis hinter mir, das mich furchtbar erschreckt hatte. Beim Begräbnis eines Freundes, eines bekannten Künstlers, hatte sich eine große Anzahl trauernder Angehöriger, Freunde und Künstlerkollegen am Grab eingefunden, aber da kein Pfarrer, oder sagen wir, kein »erfahrener Ritualdesigner« anwesend war, schließlich war der Tote offensiv aus der Kirche ausgetreten, standen alle konsterniert am Grab herum und keiner wusste so recht, was zu tun war. Natürlich fanden sich ein paar spontane Redner und es wurden, wenn auch etwas linkisch, ein paar Blumen im Grab versenkt. Aber eigentlich war es ein großer Krampf. Man konnte nicht mal richtig trauern, um loslassen zu können.

Alles das, was sonst unser Leben bestimmte, Phantasie, Humor, Spontaneität, war angesichts der ungewohnten Situation auf der Strecke geblieben. Da wurde mir erstmals bewusst, dass wir Alt-68er uns zwar damit auseinandergesetzt hatten, wie wir unser Leben anders gestalten wollen, aber zum Umgang mit Tod und Sterben waren wir noch nicht vorgedrungen.

Deshalb sagte ich seinerzeit Fritz Roth zu und entwickelte zusammen mit dem Kölner Historiker Martin Stankowski so etwas wie ein Kompendium der Geschichte der Bestattungskultur im Rheinland im Verlauf der letzten zweitausend Jahre, von den Römern bis heute. Ein Programm, in dem wir zielbewusst an die Traditionen des Mittelalters anknüpfen, als der Friedhof noch Zentrum des Gemeindelebens war, als dort noch Geschäfte abgewickelt, Recht gesprochen, Feste gefeiert, getanzt, gelacht und getrauert wurde. Wir erzählen von Mexiko, wo heute noch der Abschied auf dem Friedhof als großes Fest arrangiert wird. Leben und Tod, Lachen und Weinen, Lieben und Trauern gehörten vor allem in der christlichen Tradition eng zusammen. Die frühen Christen haben auf den Gräbern ihre Messe gefeiert.

Und so war es nur konsequent, dass wir unser Publikum nicht im Theater suchten, sondern den Menschen dort begegneten, wo sie sich auch sonst mit dem Sterben auseinandersetzen. Und so kam es, dass wir zwanzig Jahre lang vor Tausenden Zuschauern in ausverkauften Krematorien, Totenhallen, Kirchen und Bestattungshäusern auftraten. Es wäre niemals so erfolgreich gewesen, wenn es nicht einem allgemeinen Bedürfnis entsprochen hätte, Humor und Trauer zusammenzubringen. Es tat allen gut, auch einmal an Örtlichkeiten lachen zu können, um die man sonst einen weiten Bogen macht. Es hatte etwas Befreiendes.

Jeder konnte meine Aufregung in der Rolle des Vereinsvorsitzenden Litzmann nachvollziehen, wenn ich mich beschwerte über die kurzen Einsegnungsfeiern: »Da ist ein rein und raus, in fünf Minuten ist schon der Nächste dran, und dann dieser trockene Streuselkuchen. Es ist ein Wunder, dass es heute bei den Leichenschmäusen nicht mehr Todesfälle gibt, dass einem der trockene Bissen nicht im Halse stecken bleibt!«

Leidfaden, Heft 4 / 2013, S. 75–79, © Vandenhoeck & Ruprecht GmbH & Co. KG, Göttingen, 2013, ISSN 2192-1202

Am Ende der Veranstaltung fanden sich des Öfteren Zuschauer ein, die etwas verlegen fragten, ob sie einmal »probeliegen« könnten.

Dass ich während der Veranstaltung jedes Mal scheinbar unbeholfen und ängstlich in einen geöffneten Sarg kletterte, war natürlich ein gezielter Tabubruch, der aber nichts anderes zum Ziel hatte, als allen bewusstzumachen, dass das Berühren eines Sarges weder zum Tod noch zu einer Infektion oder zu einer Verfluchung führte, schließlich hatte der merkwürdige Fritz Litzmann, der durch den Abend führte, das ja offensichtlich schon seit Jahren praktiziert und dadurch nicht Schaden gelitten.

Natürlich ging jedes Mal ein leichtes Stöhnen durchs Publikum, wenn ich unbeholfen in den Sarg plumpste. Und lachende Erleichterung machte sich breit, wenn ich aus dem Sarg heraus den im Publikum sitzenden Bestatter fragte: »Herr Roth, ist ja eigentlich ganz gemütlich hier drin, aber … könnte ich vielleicht noch ein zweites Kissen haben?« Der Effekt war, dass sich am Ende der Veranstaltung des Öfteren Zuschauer einfanden, die etwas verlegen fragten, ob sie einmal »probeliegen« könnten.

Im Grunde war die Produktion »Tod im Rheinland« nichts anderes als ein kollektiver Nachhilfeunterricht – und hatte dementsprechend auch einen unerwarteten Nebeneffekt. Es sprach sich im Handumdrehen im Bekanntenkreis herum: Pause und Stankowski kennen sich aus mit Beerdigungen. Sofort wurde ich bei jeder Beerdigung zu Rate gezogen, wenn es nicht so steif zugehen sollte oder es Probleme gab.

Als mein früherer Kollege Rio Reiser starb, hatte er hinterlassen, auf seinem Grundstück in Fresenhagen in Schleswig-Holstein begraben zu

Zunächst reagierten die meisten Bestatter ängstlich. Viele fürchteten um ihren Ruf. Witze machten sie nur unter sich.

werden. Dagegen sprachen aber die örtlichen Vorschriften. Ich wurde beauftragt, eine Lösung zu finden. Fritz Roth war nach Befragen sofort bereit, den Sarg, bevor ihn der örtliche Bestatter ordnungsgemäß zum Friedhof bringen konnte, mit seinem Bestattungswagen von der Kirche direkt zum Grundstück zu bringen, um ihn dann ins selbst geschaufelte Grab zu versenken. Die Behörden haben seinerzeit nachgegeben, so dass wir alle nicht in den Genuss dieser abenteuerlichen Entführungsaktion gekommen sind.

Und auch bei den Bestattern sprach es sich herum, dass wir die Friedhöfe und Trauerhallen »unsicher« machten. Zunächst reagierten die meisten ängstlich. Viele fürchteten um ihren Ruf. Witze machten sie nur unter sich und hinter vorgehaltener Hand. Nur wenige waren Anfang der 1990er Jahre bereit und in der Lage, offen mit den Trauernden über den Umgang mit dem Tod zu sprechen. Werbung zu machen für ein Bestattungsinstitut war im Grunde tabu.

Aber das änderte sich schnell. Eine Handvoll »mutiger« Bestatter lud uns ein. Und auf der Bestattermesse in Düsseldorf und vor allem dann in Paris kamen wir in Kontakt mit der großen weiten Welt der Bestattungsriten. In Deutschland gilt ja immer noch der Friedhofszwang. In allen anderen Ländern der Welt aber ist dieser Zwang aufgehoben. Jeder kann die Asche seiner geliebten Toten durchaus mit nach Hause nehmen. Was natürlich auch die Phantasie der Urnenproduzenten anheizt. Urnen in allen Farben und Formen: Pyramiden, röhrende Hirsche, ja sogar in Bilderrahmen wird die Asche eingefasst. In Spanien und Weißrussland ist das der Renner, den Opa an der Wand hängen zu sehen. Bald soll der Friedhofszwang auch hier der Vergangenheit angehören. Da kommt noch was auf uns zu.

Humor und Offenheit beim Umgang mit dem Tod mögen hilfreich sein, sie schützen aber keinesfalls vor dem Tod, denn der kommt unausweichlich. Auf jeden Fall aber helfen sie dem Trauernden dann, wenn es so weit ist, dem Bestatter zu sagen: Nein, ich will keinen röhrenden Hirsch, keinen Bilderrahmen und auch keine alberne Sargwäsche, ich möchte, dass der geliebte Tote offen aufgebahrt wird, zu Hause, so dass jeder sich verabschieden und damit den Tod »begreifen« kann.

Als ich im tiefsten Bayern, also weit entfernt vom Rheinland, das Begräbnis meiner Mutter plante und meine Wünsche recht klar und deutlich dem Bestatter vorstellte, schaute er mich erstaunt an, zögerte einen Moment und fragte dann vorsichtig nach: »Wie war Ihr Name?

Humor und Offenheit beim Umgang mit dem Tod mögen hilfreich sein, sie schützen aber keinesfalls vor dem Tod, denn der kommt unausweichlich.

Pause? Sind Sie etwa der Pause, der mit ›Tod im Rheinland‹ …«, und als ich bejahte, fuhr er erleichtert fort: »Das macht die Sache ja einfach, dann wollen wir doch mal sehen, wie wir es Ihnen und Ihrer Mutter noch mal schön machen können!«

Das hat mir gefallen. Es wurde ein herzzerreißendes Begräbnis. Stofferl Well spielte ein wundervolles Trompetensolo, weit hinten zwischen den Bäumen, und alle zerflossen in Tränen. Und beim anschließenden Leichenschmaus wurden alle Geschichten wach, die meiner Mutter gefallen hatten. Gerade auch die lustigen. Und vor allem: Es gab auch keinen trockenen Streuselkuchen.

Dieses Begräbnis hätte auch Bestatter Fritz Roth sehr gefallen. War es doch ganz im Sinne seiner Anregungen.

Und so erlauben Sie mir nun, verehrter Leserinnen und Leser, an dieser Stelle eine Schlussbemerkung anzufügen, die auch Fritz Roth als Mitglied des Heimatvereins Rhenania an seinem Grab noch einmal zu hören wünschte und die ich als Alterspräsident besagten Vereins nur zu gern auch Ihnen näher bringen möchte:

»Voltaire – was wollt der? Voltaire war ja ein aufgeklärter Mann, das heißt, ihm stand das ganze Brimborium der Kirche fern. Im katholischen Rheinland ist er nicht lang geblieben, sondern gleich weitergefahren zu den Preußen, zum Alten Fritz. Aber so ganz ohne Folgen scheint seine kurze rheinische Erfahrung doch nicht gewesen zu sein, denn als es ans Sterben ging, soll er gesagt haben: ›Gott, wenn es einen gibt, sei meiner Seele gnädig – falls ich eine habe!‹«

Mit anderen Worten, Aufklärung ja, aber man kann nie wissen! Blasphemie ja, aber nur so weit, dass man es sich mit Gott und seiner möglichen Zukunft dort oben nicht endgültig verdirbt.

Das Leben ist mit dem Tod am Ende. Klar, aber nur im Prinzip, nicht im Rheinland! Der Rheinländer als solcher akzeptiert den Tod nicht. Karneval ist zwar am Aschermittwoch zu Ende, aber ein paar Tage später beginnen doch schon wieder die Vorbereitungen für die neue Session, werden wieder die herrlichen neuen Festwagen gebaut. Und so übt sich der Rheinländer mit dem Empfang des Aschekreuzes während seines ganzen Lebens ein, in der Hoffnung, dass auch der Tod nichts anderes sei als der Beginn einer herrlichen neuen Session. Das ordentliche Vereinsmitglied, und das ist der Rheinländer in der Regel, stirbt in dem Sinne nicht, sondern es ändert nur seinen Vereinsstatus, die Mitgliedsbeiträge sind nach wie vor fällig. Erst wenn die nicht mehr gezahlt werden, ist es für den Verein gestorben!

Aus gegebenem Anlass möchte ich deshalb hier den Tagesordnungspunkt 13 anfügen: Die Anmahnung der ausstehenden Beiträge, die ich gleich eigenhändig am Ausgang kassieren werde. Und so wollen wir wie in jeder Vereinssitzung schließen mit dem Tagesordnungspunkt 14: »Verschiedenes, äh … Verschiedene! Also …: Die Begrüßung der Verschiedenen!« Lasst uns also nach altem Vereinsbrauch dem Fritz und auch all den vielen anderen alten Kameraden dort oben grüßend zurufen:

Bestimmt habt ihr jetzt Spaß dort oben,
könnt herrlich mit den Engeln toben,
vielleicht macht auch Maria mit,
mit einem Tanzmariechenschritt!

Rainer Pause, geboren 1947 in Essen, als Sohn einer Westfälin und eines Bayern. 1966 ins Rheinland verschlagen. Spätberufener Rheinländer aus Leidenschaft. Schauspieler, Autor, Regisseur. Gründete 1987 das »Pantheon«-Theater in Bonn. 1994 schrieb er mit Martin Stankowski das Programm »Tod im Rheinland«. Seit dreißig Jahren leitet er als »Alterspräsident Fritz Litzmann« die alternative Karnevalssitzung »Pink-Punk-Pantheon«. Gemeinsam mit Norbert Alich hat er als »Fritz & Hermann« acht erfolgreiche Programme quer durch die Republik gespielt. Als hinterfotziger, anarchistischer Botschafter eines Rheinlands, das hinter Kirche, Kölsch und Klüngel schlummert. Moderator des alljährlichen »Prix Pantheon« und der »Brettlspitzen« (WDR5), Darsteller und Autor in vielen satirischen Fernsehproduktionen.

Es darf gelacht werden – Cybermobbing

Werner Ebner

Kennst du das Gefühl, Sonntag Abend ins Bett zu gehen und schon ein gewisses Grauen vor dem nächsten Tag zu haben, weil du wieder in diese Schule musst, in der mindestens eine Person ist, die alles tut, um dir den Tag zur Hölle zu machen, und du weißt, dass es deine Mitschüler mitbekommen, sich aber nichts zu sagen trauen?

Mir geht es so, und es ist unerträglich. Sicher, du weißt, dass es nicht so ist, dass dich keiner mag oder so, aber trotzdem stehst du in den meisten Situationen allein da und weißt dir nicht mehr zu helfen.

Dabei hatte es ganz harmlos angefangen, mit einer anonymen SMS auf mein Mobiltelefon. Ich wurde übel beleidigt und als Schlampe bezeichnet. Dann begannen die Postings im Internet, wo dir Schläge angedroht wurden und sie dich zum Selbstmord aufforderten.

Deine Mitschüler fanden es lustig und du stehst da und hast niemanden, der dir hilft. Mit meinen Eltern darüber zu sprechen … undenkbar! Und so fügst du dich deinem Schicksal und frisst wieder den ganzen Kummer in dich rein! Und so geht das Tag für Tag …

(Beitrag einer Userin aus dem Forum von www.schueler-mobbing.de)

Techniken und Mittel von Cybermobbing

Cybermobbing nennt man diese Form von Konflikten. Es ist das absichtliche Beleidigen, Bedrohen, Bloßstellen oder Belästigen anderer mit Hilfe moderner Kommunikationsmittel – meist über einen längeren Zeitraum. Die Konflikte des Alltags werden dabei ins Internet verlagert, entstanden aus Langeweile, aus dem Bedürfnis nach Bindung (Verbindung) und Beziehung. Dazu werden unterschiedliche Technologien und Verfahren angewendet:

- Instant Messenger, um gemeine Nachrichten, Bilder oder Videos anonym zu verschicken.
- Chatrooms, in denen gemeine oder drohende anonyme Nachrichten verschickt werden oder die bestimmte Personen absichtlich ignoriert wird. Unter falschem Vorwand schließt man Freundschaften, um an persönliche Informationen zu gelangen, mit den mögliche Folgen: Erpressung, Verleumdung, Nötigung.
- Webcams, um unangebrachte Inhalte aufzunehmen und zu verschicken, junge Leute zu unangemessenem Handeln zu überreden oder zu zwingen, private Aufnahmen nach Trennungen online zu stellen.
- Soziale Netzwerke, in denen gemeine Kommentare zu Bildern oder auf die Pinnwand geschrieben, fiese Bilder veröffentlicht, Informationen gelöscht oder hinzugefügt werden. Besonders schlimm sind beschämende, demütigende Videos über eine Person mit privaten Aufnahmen (häufig erotischen Inhalts), um – meist den Expartner/die Expartnerin – in der Öffentlichkeit zu blamieren.
- Gaming-Seiten, auf denen erfahrene Spieler sich schwache, noch unerfahrene Spieler aussuchen und deren Charaktere (die Rolle im Spiel) wiederholt gezielt töten.

Leidfaden, Heft 4 / 2013, S. 80–83, © Vandenhoeck & Ruprecht GmbH & Co. KG, Göttingen, 2013, ISSN 2192–1202

Dann begannen die Postings im Internet, wo dir Schläge angedroht wurden und sie dich zum Selbstmord aufforderten. Deine Mitschüler fanden es lustig und du stehst da und hast niemanden, der dir hilft.

Zunächst unbeteiligte Zuschauer, die so genannten »Bystander«, die miterleben, dass eine andere Person gedemütigt, beleidigt oder verunglimpft wird, fanden es lustig, was da vor sich ging.

Eine besondere Rolle beim Cybermobbing nehmen Handys ein. Die sind technisch so ausgereift, dass sich Bilder und Videos in bester optischer Qualität aufnehmen lassen.

Happy Slapping ist die unerwartete Attacke auf ein Opfer, während Freunde des Angreifers das Vorgehen filmen. Mehr oder weniger brutal schlagen sie zu und demütigen und beschämen die Opfer zutiefst. Sie verwenden dafür die Kamera eines Mobiltelefons, um die Clips später über Bluetooth zu verbreiten und sie wiederholt abzuspielen. Die meisten Mobiltelefone haben einen direkten Zugang zu Videoplattformen wie YouTube. Innerhalb weniger Sekunden werden die Clips direkt nach dem Angriff online gestellt.

Der Missbrauch von Humor

Ein beliebtes Ziel sind Lehrer, die im Unterricht heimlich gefilmt werden. Häufig werden dabei die Clips mit Bildbearbeitungs- und Videoschnitt-Software verfremdet, die inzwischen auf jedem PC kostenloser Bestandteil des Betriebssystems sind. Vor dem Online-Stellen versieht man die Clips mit Kommentaren und Musik. Die dabei freigesetzte Kreativität ist durchaus beeindruckend. Und die Rechtfertigung der Angreifer für ihr Tun: »Das ist nur ein Spiel, das ist doch Spaß, es darf gelacht werden.« Dennoch handelt es sich hierbei um einen Missbrauch von Humor, weil Aggression und Verletzung als lustig gekennzeichnet werden.

Das Auftreten neuer Formen von Mobbing und Gewalt, wie zum Beispiel Cybermobbing, Cyberbullying, Happy Slapping an Schulen und in der Freizeit, hängt unmittelbar mit der Entwicklung neuer Medien zusammen. Web 2.0, Social Networks, Semantic Web sind die Schlagwörter dafür und haben zu einem spektakulären Anstieg der Möglichkeiten der Vernetzung mit anderen Menschen geführt. Es kann sich hierbei um nahestehende Personen handeln wie Nachbarn, Klassenkameraden, Verwandte, aber auch um völlig Fremde, weltweit.

Online-Kommunikation kann extrem bösartig sein. Es gibt keinen Ausweg für die, die online gemobbt werden. Sie werden sieben Tage in der Woche rund um die Uhr zum Opfer. Die Cyberbullying-Materialien können weltweit verbreitet und dann oft nicht mehr gelöscht werden, denn Google und andere »Crawler« vergessen nicht!

Cyberangreifer sind anonym und können als unbekannte Freunde auftreten, so dass die Opfer nicht wissen, wem sie vertrauen können. Die Opfer wollen Erwachsenen nicht sagen, was online oder über ihre Handys passiert, da sie emotional traumatisiert sind und denken, es sei ihr Fehler, weil sie eine Strafe befürchten oder dass ihnen das Internet oder das Handy verboten werden. Sie empfinden ein Höchstmaß von Scham und ihre meist einzige Schamabwehrreaktion ist die emotionale Erstarrung oder im schlimmsten Fall der Suizid.

Viele Attacken im Internet sind erst dadurch richtig verletzend, weil es dafür ein Publikum gibt. Zunächst unbeteiligte Zuschauer, die so genannten »Bystander«, die miterleben, dass eine andere Person gedemütigt, beleidigt oder verunglimpft wird, fanden es lustig, was da vor sich ging. Entsprechende Kommentare lassen darauf schließen. Tätern und Bystandern ist eines gemein: das fehlende Bewusstsein, dass ein so genannter »Scherz« rasch böse Folgen hat, eine Eigendynamik bekommt, weil er sich sekundenschnell verbreitet und Menschen existenziell bedroht.

Den Tätern erscheint die Hemmschwelle deswegen so gering, weil dahinter das »Du kannst mich nicht sehen, ich kann dich nicht sehen«-Phänomen steckt. Man glaubt, online unsichtbar zu sein, nicht erwischt zu werden, das Recht zu haben, frei zu sagen, was man denkt, und somit nicht die Konsequenzen für seine Handlung tragen zu müssen. Das ist – zum Glück für die Opfer – ein weit verbreiteter Irrtum, der die Täter recht teuer kommen kann. Im Gegensatz zum Mobbing in der Schule gibt es eine Reihe rechtlicher Möglichkeiten, gegen die Täter vorzugehen. Vor allem die Beweisbarkeit ist eher gegeben, denn Google, Facebook und andere speichern und behalten die Inhalte, auch wenn ein User seinen Account gelöscht hat.

Auch viele Jahre nachdem ein Jugendlicher die Schule verlassen hat, können ihn diese »Umtriebe« noch einmal einholen. Es ist durchaus üblich, dass ein Personalchef vor einem Bewerbungsgespräch sich erst einmal über den Bewerber im Internet informiert. Das geschieht meist über das so genannte »Screening« auf Facebook oder auf XING und natürlich über die Suchmaschinen.

Deswegen sollten Eltern einen Überblick darüber haben, wofür sich ihre Kinder im Netz interessieren. Wichtig ist der Umgang mit persönlichen Daten. Gerade für Kinder und Jugendliche ist ein hohes Maß an Privatsphäre notwendig. Die Sorglosigkeit und Offenheit, mit der persönliche Daten ins Netzt gestellt werden, kann sich, wie bereits verdeutlicht, auch Jahre später noch sehr nachteilig auswirken. Nur gute Bekannte sollten in Communitys auf Bilder und Kontaktdaten zugreifen können. Je weniger Informationen frei zugänglich sind, desto weniger Angriffsfläche wird unbefugten Nutzern geboten. Grundsätzlich stellt man keine peinlichen Bilder online. Selbst wenn sie gelöscht wurden, gibt es immer noch Kopien an anderen Stellen.

Das Internet ist ein wichtiger Bestandteil im Leben von Kindern und Jugendlichen, aber nicht der einzige. Andere Hobbys, Schule oder Ausbildung dürfen dabei nicht zu kurz kommen. Eine zeitliche Begrenzung der Internetnutzung mit den Kindern zu vereinbaren ist sicher eine kluge Idee.

Im Internet gibt es eine Reihe von guten Seiten, die über Mobbing und Cybermobbing aufklären und Hilfestellung anbieten. Eine davon ist www.schueler-mobbing.de. Die Seite ist aus einem Schulprojekt zunächst als Online-Forum entstanden und im Laufe der Jahre zu einem großen Portal gewachsen. Neben dem Forum gibt es ein Weblog mit authentischen Berichten (www.mobbingleaks.de).

Werner Ebner, 62 Jahre, hat als Grund- und Hauptschullehrer viel Erfahrung mit Mobbing vor allem an Schulen gesammelt. Sein Wissen gibt er über das Internetportal www.schueler-mobbing.de weiter. Neben seiner Tätigkeit als Gastdozent an der Pädagogischen Hochschule Ludwigsburg betreibt er ehrenamtlich eine telefonische Mobbingberatung und ist Autor von »Mobbe und hersche!« (Norderstedt 2012).

Websites: www.mobingberatung.info
www.mobbing-help-desk.de
E-Mail: info@schueler-mobbing.de
Tel.: 07123-381613

Der *Lustige Friedhof* von Kramsach in Tirol

Reiner Sörries

Das Sammeln von Grabinschriften findet heute wie in der Vergangenheit großes Interesse, wobei es besonders die *Launingen Grabschriften* – so der Titel eines Büchleins von Gottlieb Wilhelm Bumann 1786 – sind, die Aufmerksamkeit erwecken. Derartige Anthologien herauszugeben, war im 18. und 19. Jahrhundert eine regelrechte Mode; man nannte sie auch *Blumenlesen.*[1] Dabei kann man sich allerdings nie ganz sicher sein, ob die derart dargebotenen Grabsprüche, zumal die kuriosen, Authentizität für sich beanspruchen dürfen oder ob sie als literarische Kunstprodukte zu entlarven sind. Denn die meisten Sammlungen verzichten auch heute auf genaue Ortsangaben und erst recht auf bildliche Wiedergaben, ordnen die Sprüche lieber nach bestimmten Kategorien, um sie letztlich zu einer teils vergnüglichen, teils besinnlichen Gräberreise werden zu lassen.[2]

Ungeachtet dessen werden Grabsprüche als überlieferte Volksgüter und Zeitdokumente angesehen, die etwas über die Menschen und ihre Befindlichkeit angesichts des Todes aussagen. Und nicht selten werden sie heute als Raritäten eingestuft, weil unsere schnelllebige Gegenwart so sprachlos geworden sei (Betten 2003, S. 8).

Beim Versuch von Karl S. Guthke (2006), in Deutschland analog zu den angloamerikanischen Unternehmungen eine Disziplin der Epitaphologie zu begründen, bedient sich der Autor ebenfalls dieser lustigen Grabsprüche, um sein Buch lesenswert und unterhaltsam werden zu lassen. Doch muss man sich fragen, ob er nicht denselben Kunstgriff anwendet wie seine Ahnherren des *Blumenlesens.*

Der Volkshumor im Alpenland

Vor derselben Frage steht der aufmerksame Besucher der Grabzeichen auf dem sogenannten *Lustigen Friedhof* in Kramsach in Tirol, der weit über seine Grenzen hinaus bekannt ist und viele Touristen anzieht. Dieser offiziell »Museumsfriedhof« genannte Ort, wo Dutzende Grabzeichen mit launigen Inschriften zusammengetragen wurden, beansprucht unter anderem auf seiner Homepage (www.museumsfriedhof.info, 18.6.2013) die Originalität der Inschriften und erklärt ihre Ausdrucksweise mit den andersartigen Lebensbedingungen früherer Zeiten:

»Nach jahrzehntelanger Sammeltätigkeit in Nordtirol, Südtirol, Salzburg und Bayern durch die Meistergenerationen Guggenberger – Sagzahn-Kunstschmiede wurde dieser private Museumsfriedhof im Jahre 1965 in mühevoller Arbeit angelegt. Die Sprüche und die derb-herzlichen Lebensweisheiten auf den Schmuckstücken altehrwürdiger Schmiedekunst sind Zeugnisse des urwüchsigen Volkshumors im Alpenland.

In diesem ›Friedhof ohne Tote‹ kann der Besucher – unter Schmunzeln bis zum befreienden Lachen – über das Versöhnliche von Werden und Vergehen nachdenken.«

Die Beziehung zu Sterben und Tod früher

Und so wird es auf manchen touristischen Websites[3] erklärt: »Würde jemand die auf dem weltweit einzigartigen Museumsfriedhof in Kramsach befindlichen Grabinschriften und Marterlsprüche heute verwenden, müsste er sich den Vorwurf gefallen lassen, pietätlos zu sein. Vor rund hundert Jahren hatten die Menschen aber noch

Leidfaden, Heft 4/2013, S. 84–87, © Vandenhoeck & Ruprecht GmbH & Co. KG, Göttingen, 2013, ISSN 2192-1202

Grabsprüche werden als überlieferte Volksgüter und Zeitdokumente angesehen, die etwas über die Menschen und ihre Befindlichkeit angesichts des Todes aussagen.

Um Trauer und Gedanken daran zu verdrängen oder zumindest abzuflachen, hat man sich Sprüchen bedient, die im Gottvertrauen so manchen Menschen erheitern konnten.

© Reiner Sörries

eine ganz andere Beziehung zu Sterben und Tod. Was heute nach Möglichkeit verschwiegen wird, war damals in aller Munde. Die Medizin ermöglicht uns heute eine lange Lebenserwartung. Kindersterblichkeit ist schon fast eine Seltenheit. Wenn man bedenkt, wie viele Menschen noch vor dem Zweiten Weltkrieg schon in jungen Jahren starben, dass damals ein Sechzigjähriger fast als Methusalem galt, wird verständlich, dass man auch zum Tod eine andere Beziehung hatte. Denn man musste ihm tatsächlich Tag für Tag ins Auge schauen.

Um Trauer und Gedanken daran zu verdrängen oder zumindest abzuflachen, hat man sich

Sprüchen bedient, die im Gottvertrauen so manchen Menschen erheitern konnten. Die in der Sammlung von Hans Guggenberger aufscheinenden Sprüche und Inschriften stammen zum Großteil aus dem vorigen Jahrhundert, nur wenige sind älter.«

Komische Grabpoesie

Man mag dabei eine Inschrift »Hier liegt Martin Klug, der Kinder Frau und Orgel schlug« noch für denkbar halten und sie der unfreiwilligen Komik zurechnen, aber die etwas pikante Formulierung für die in jugendlichem Alter gestorbene Jungfrau Nothburg Nindl ist doch höchst zweifelhaft: »… gestorben ist sie im siebzehnten Jahr, just als sie zu brauchen war.« Beide Inschriften stammen von Grabzeichen auf jenem Friedhof in Kramsach in Tirol.

Intensiv mit komischer Grabpoesie hat sich der Volkskundler Lutz Röhrich (1985, S. 93–110; vgl. auch Sörries 2002, S. 175 mit weiterer Literatur) auseinandergesetzt und manches davon mit Recht ins Reich der literarischen Fabel verwiesen. Solche Grabsprüche eignen sich nicht für die eher traurige Wirklichkeit, die in konventionelle Formen gekleidet werden muss, weil die Formulare das Geländer bieten, um eben nicht in die Welt des Kuriosen oder Komischen abzugleiten. Somit kann die Formelhaftigkeit nicht diskreditiert werden, sondern sie ist ein notwendiger Bestandteil der sepulkralen Inschriften. Die lustigen sind lediglich eine Variante, eine fiktive.

Ungeachtet dieser kritischen Frage an die Authentizität der Kramsacher Grabinschriften lohnt ein Besuch des Friedhofes allemal, erstens wenn man einmal schmunzeln möchte, zweitens weil die schmiedeeisernen Grabzeichen selbst authentisch sind und als Ensemble den Charme eines typisch alpenländischen Friedhofs aufscheinen lassen. Lediglich die alten Inschriften wurden durch die *komischen* ersetzt, die ihrerseits aus solchen eingangs zitierten literarischen Inschriftensammlungen stammen.

Reiner Sörries ist Pfarrer der evangelisch-lutherischen Kirche in Bayern. Er leitet seit 1992 das Museum für Sepulkralkultur in Kassel und ist seit 1994 zugleich apl. Professor für Christliche Archäologie und Kunstgeschichte an der Universität Erlangen. Er arbeitet und lebt in Kassel und Kröslin an der Ostsee.

E-Mail: soerries@sepulkralmuseum.de
Website: www.sepulkralmuseum.de

Museumsfriedhof Tirol
Hagau 82, A-6233 Kramsach
Tel.: 0043–5337–62447
Fax: 0043–5337–6244710
office@museumsfriedhof.info
Öffnungszeiten:
Montag bis Sonntag von 9.00–18.00 Uhr
durchgehend geöffnet
Auch an FEIERTAGEN geöffnet!
In den Wintermonaten
von 10.00–17.00 Uhr
durchgehend geöffnet
Eintritt frei

Literaturhinweise

Betten, L.: Das Schicksal nennt keine Gründe. Grabsprüche auf Münchner Friedhöfen. München 2003.

Bumann, G. W.: Launige Grabschriften. Auf Reisen durch Deutschland gesammelt. Ohne Ort 1786.

Guthke, K. S.: Sprechende Steine. Eine Kulturgeschichte der Grabschrift. Göttingen 2006.

Röhrich, L.: Komische Grabpoesie. In: Schuchard, J., Claussen, H. (Hrsg.), Vergänglichkeit und Denkmal. Beiträge zur Sepulkralkultur. Bonn 1985.

Sörries, R.: Komische Grabpoesie. In: Großes Lexikon der Bestattungs- und Friedhofskultur, Band 1. Braunschweig 2002.

Anmerkungen

1 Zum Beispiel: Blumenlese von Grabschriften und Denkmählern welche auf dem Gottesacker der k. k. Hauptstadt Linz befindlich sind. Allen Freunden und Freundinnen der Verstorbenen gewidmet. Linz 1811.

2 Zum Beispiel: Otto W. John und Hans H. Schlund, Was ihr noch seid, bin ich gewesen. Stuttgart 1983.

3 Zum Beispiel: http://www.alpen-guide.de/reisefuehrer/poi/museumsfriedhof-kramsach (18.06.2013)

Ich hatte aber auch einen ganz gehörigen Bammel davor, danebenzugreifen und Trauernde oder anderweitig Betroffene in ihren Gefühlen zu verletzen

»Das Lächeln am Fuße der Bahre« – Sterben, Trauer und Humor

Alfred Gerhards

Unter diesem Titel habe ich vor mehr als zehn Jahren einen öffentlichen Vortragsabend in einem Aachener Bestattungsinstitut angekündigt und durchgeführt. Das Interesse bei Öffentlichkeit und Presse war auf Anhieb sehr groß, zum einen weil ich in meiner Heimatstadt Aachen als Clown und Komiker einen großen Bekanntheitsgrad genoss, zum anderen aber weil die Themenkombination *Tod, Trauer und Humor* in Verbindung mit dem Veranstaltungsort eine entsprechende Wirkung hatte und stark polarisierte.

Die Reaktionen der Öffentlichkeit gingen von »Jetzt macht der sich auch noch über den Tod lustig, ist dem denn gar nichts heilig?!« über »Alle Achtung, der traut sich was!« bis zu »Gut, dass dieses Thema mal enttabuisiert wird«. Diese Reaktionen haben mich einerseits darin bestärkt, dass die Themenverbindung sehr *reiz*voll ist, andererseits hatte ich aber auch einen ganz gehörigen Bammel davor, danebenzugreifen und Trauernde oder anderweitig Betroffene in ihren Gefühlen zu verletzen, weil sie die eine oder andere Passage meines Programms als pietätlos oder provozierend empfinden könnten.

Mir geht es ja gerade darum, dass wir uns die Erlaubnis geben, in Zusammenhang mit Tod, Trauer und Verlustschmerz auch Gefühle wie Heiterkeit, Erleichterung, Humor und sogar handfeste Komik zuzulassen und anzuerkennen. Wir müssen bestimmte Gefühle nicht erzwingen, sie uns aber auch nicht verbieten oder unterdrücken.

Leidfaden, Heft 4/2013, S. 88–90, © Vandenhoeck & Ruprecht GmbH & Co. KG, Göttingen, 2013, ISSN 2192-1202

Henri Gustav Jossot, The Geese, 1902 / Giraudon / The Bridgeman Art Library

Wenn wir in einer Trauersituation auch lächeln oder lachen können, so kann dies sehr hilfreich und befreiend sein und uns helfen, die belastende Situation besser zu ertragen. Das erkläre ich meinem Publikum gleich zu Beginn des Programms und spüre dann spontan eine starke Zustimmung.

Mein Vortrag ist sowohl vorder- wie hintergründig, einfühlsam, aber auch direkt. Er besteht zum Teil aus kurzen literarischen Texten, selbst erlebten komischen Begebenheiten, Witzen, Bonmots, quer gedachten Betrachtungen, gesammeltem humorvollem Material wie zum Beispiel skurrilen Todesanzeigen, Zeitungsausschnitten mit unfreiwilliger Komik, Zitaten und anderes mehr. Es wird viel gelacht, aber auch nachgedacht und sinniert und die meisten Zuschauer und Zuschauerinnen gehen entspannter hinaus, als sie hereingekommen sind.

Häufig kommen Zuhörerinnen und Zuhörer nach der Vorstellung zu mir, um sich dafür zu bedanken, dass sie nach langer schwerer Zeit (Krankheit, Pflege und Tod des Ehepartners oder eines nahen Angehörigen) zum ersten Mal wieder lachen konnten und nun eine positive Lebensenergie verspüren. Dabei wird auch oft erwähnt, dass sich die Betroffenen vorher Lachen oder Heiterkeit selbst nicht erlaubt hatten.

In der Anfangszeit gab es für mich, was das Publikum betraf, keine klare Zielgruppe. Bei den ersten Vorstellungen in meinem Heimatkreis setzte sich das Publikum aus allen möglichen Berufs- und sozialen Gruppen zusammen,

Mir geht es ja gerade darum, dass wir uns die Erlaubnis geben, in Zusammenhang mit Tod, Trauer und Verlustschmerz auch Gefühle wie Heiterkeit, Erleichterung, Humor und sogar handfeste Komik zuzulassen.

© Matthias Luedecke

zum Teil aus Stammpublikum, teilweise Personen aus der »Kundenkartei« des Bestatters, ferner Menschen mit beruflichem Bezug zum Thema, also Seelsorger, Therapeuten, Altenpfleger, Palliativmediziner, Hospizmitarbeiter und so weiter. Mittlerweile werde ich überwiegend von Institutionen aus dem Bereich Hospizarbeit, Palliativmedizin, Altenpflege eingeladen, weil bei diesen Gruppen das Bedürfnis und die Aufgeschlossenheit für das Thema am größten sind.

Im ehrenamtlichen Bereich der Hospizarbeit kommen neben dem Interesse an meinem Programm häufig auch Vorsicht und Skepsis zum Vorschein, was aus meiner Sicht nachvollziehbar ist. Wenn dann zum Beispiel die Erste Vorsitzende eines Hospizvereins am Telefon nachfragt, ob der Vortrag denn garantiert *nicht* pietät- und niveaulos ist, dann erkläre ich ihr, dass ich im Moment die ungeeignetste Person bin, diese Frage zu beantworten. Ich rate ihr aber, sich bei Hospizvereinen zu erkundigen, die mich bereits eingeladen haben. Meist erledigen sich die Befürchtungen dann von selbst.

Am meisten freue ich mich, wenn zu Beginn der Veranstaltung aus dem Publikum die Frage gestellt wird: »Darf man über den Tod lachen?«, worauf ich antworte, dass ich für die Erlaubnis zum Lachen nicht zuständig bin, rege aber an, sich diese Frage nach anderthalb Stunden Programm selbst zu beantworten.

Auch diese Frage erledigt sich von selbst …

Alfred Gerhards, geboren 1951, wohnt in Aachen, seit 1998 als Pantomime, Clown und Komiker unter dem Künstlernamen »Globo« tätig. Trainer und Seminarleiter für Körpersprache, Kommunikation, Kreativität und Humor in Industrie, Handel, Verwaltung sowie in berufsspezifischen Fortbildungen für pädagogische, medizinische, therapeutische, soziale und beratende Berufe.

E-Mail: gerhards.globo@t-online.de

Witzige Videos als Einstieg in trockene Themen

Didaktik oder Infotainment?

Lukas Radbruch

Mit dem Pflegeassistenzgesetz wurde 2009 in Deutschland Palliativmedizin als Pflichtfach in das Medizinstudium eingeführt (Bundesministerium der Justiz). Nach Änderung der Approbationsordnung muss damit jeder Medizinstudent, der ab 2014 die Approbation erhält, eine palliativmedizinische Ausbildung erhalten haben (Cremer-Schaeffer und Radbruch 2012).

Seither erfolgt an den Universitäten die Implementierung der entsprechenden Lehrveranstaltungen in den studentischen Ausbildungsplan. Da es sich um ein Querschnittsfach handelt, ist die Einbindung palliativmedizinischer Inhalte in den Lehrplan in den einzelnen Universitäten sehr unterschiedlich geregelt.

Die Universität Bonn ist eine der wenigen Hochschulen (neben Aachen, Erlangen, Freiburg, Göttingen, Köln, München und Witten) mit einem eigenen Lehrstuhl für Palliativmedizin, so dass hier schon kurz nach der Einführung des Pflichtfachs ein neues Konzept für ein palliativmedizinisches Blockpraktikum umgesetzt werden konnte. An vier Vormittagen werden sieben Blöcke mit jeweils einer Doppelstunde unterrichtet, davon jeweils zwei Blöcke zu Kommunikationsübungen mit Simulationspatienten und zu problemorientiertem Lernen sowie drei weitere Blöcke zu Entscheidungen am Lebensende, Trauer und Palliativpflege.

Unter den Studierenden ist das Interesse am palliativmedizinischen Unterricht groß. Mit dem Aufbau des neuen Konzepts rückte die Palliativmedizin in der Evaluation der Studierenden vom letzten auf einen der ersten Plätze, wo sie sich in den letzten drei Semestern gehalten hat.

Allerdings mussten wir nach der Einführung des neuen Pflichtfachs auch feststellen, dass ein kleiner Teil der Studierenden das Fach ablehnt. Während im früheren Wahlfachseminar nur (freiwillige) Studierende teilnahmen, für die die etwas andere Art der Entscheidungsfindung und die Betonung der Kommunikation eine Offenbarung waren, hatten wir nun plötzlich auch kritische Rückmeldungen, bis hin zu einem Kommentar, man sollte diese Unterrichtszeit doch lieber der Chirurgie zuschlagen.

Dies führte zu Überlegungen, wie wir diese kleine Fraktion der Studierenden (die Chirurgie-

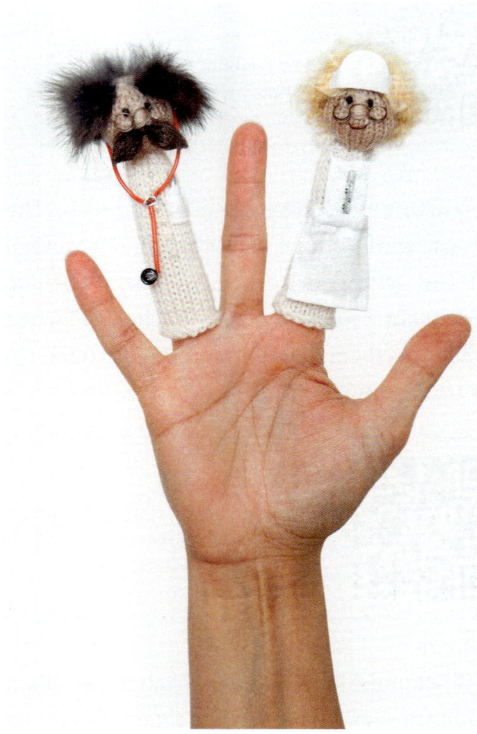

anwärter) erreichen können, die nach dem Motto »Taten statt Worte« komplexe Entscheidungsfindungsprozesse und schwierige Kommunikation mit Patienten oder Angehörigen als Belastung empfinden und sich diesen Themen im Studium verweigern möchten.

Der Einsatz von Videos scheint hier eine niedrigschwellige Lösung zu bieten. Kurze Videoclips mit passendem Inhalt können als Einstieg genutzt werden, indem sie schnell die Aufmerksamkeit wecken. Das Internet bietet eine Fülle von Möglichkeiten, passende Clips auszuwählen, bei denen sich ein Zusammenhang mit palliativmedizinischen Themen herleiten lässt. In der Symptomkontrolle kann zum Beispiel ein Werbevideo der Leipziger Verkehrsbetriebe als Einleitung zu Übelkeit und Erbrechen genutzt werden. Der Spatz fährt auf der Windschutzscheibe der Straßenbahn mit, aber er wird so durchgeschüttelt, dass er bei der nächsten Haltestelle abspringt und sich übergeben muss (zum Slogan: »Schwarzfahren lohnt sich nicht«).

Die Werbung mit dem Spatz (http://www.youtube.com/watch?v=wX7GZ8SEwRc)

Geeignete Videos können auch für andere Themen wie zum Beispiel den Umgang mit Sterben und Tod gefunden werden. In einer Werbung überlebt ein Radfahrer alle möglichen tödlichen Unfälle – weil der Sensenmann im Pub noch ein Bier trinken möchte.

Reklame »unsterblich« (http://www.youtube.com/watch?v=6a7I3570eFE)

Im Blockpraktikum setzen wir aber vor allem Ausschnitte aus Arztserien wie *Emergency Room* oder *Scrubs* ein. Den Studierenden sind diese Serien bekannt und die Serienfiguren sind vertraut. Selbst bei einer vor allem auf Spaß ausgerichteten Serie wie *Scrubs* sind die medizinischen Inhalte der Geschichten oft gut fundiert und scheuen auch schwere Themen wie Tod und Sterben nicht. Zum Teil scheint eine emotionale Aufladung in einer medizinisch dramatischen Situation überhaupt erst notwendig, damit danach die Entladung durch den Humor funktionieren kann. Es muss sozusagen erst eine ausreichende Fallhöhe aufgebaut werden. Die Balance zwischen Gefühlen und Humor wird in dieser Serie in der Schlussszene wiederhergestellt, wenn die Figuren überlegen, was sie aus ihren Erfahrungen gelernt haben. Diese Moral am Schluss rechtfertigt und legalisiert gleichzeitig die vorher gezeigte Komik.

In der Folge »Mein Leidensgenosse« erzählt einer der parallelen Handlungsstränge von Mrs. Wilk, die an einer Immunschwäche sterben wird und vom Sterbebegleiter des Krankenhauses Dr. Hedrick unterstützt wird: »Ich weiß, es klingt banal, aber Sie werden jetzt die fünf Stadien der Trauer überwinden müssen.« Dr. Hedrick erklärt den behandelnden Ärzten, dass auch Ärzte bei manchen Patienten diese fünf Stadien durchlaufen, und weist sie im weiteren Verlauf immer wieder darauf hin, in welchem Stadium Dr. Cox und J. D. gerade sind.

Der Tonfall des Sterbebegleiters grenzt dabei manchmal ans Zynische. So begrüßt er die Patientin und ihre Ärzte beim ersten Kontakt mit den Worten: »Also, wer von euch wird abkratzen? Halt, lassen Sie mich raten …« Auch hier werden Spaß und Zynismus in der Schlusssequenz gemildert und relativiert, wenn die Ärzte nun den Tod der Patientin annehmen können – und damit das Stadium der Akzeptanz erreicht haben.

Scrubs Staffel 5 Episode 13: Mein Leidensgenosse (http://www.youtube.com/watch?v=9h1MJIr8nYg)

Solche Videos bieten eine Reihe von Vorteilen im Unterricht: Sie machen ein niedrigschwelliges Angebot, bieten ausreichende Distanz für die Auseinandersetzung mit schwierigen Themen, aber auch eine Aufarbeitung (Moral) im Abschluss der Folge. Videos sollten allerdings nicht für sich stehen, sondern in ein Unterrichtskonzept eingebunden sein. Das Video soll der Einstieg in die Diskussion mit den Studierenden sein.

Der Einsatz von Videos setzt zumindest grundlegende technische Ausstattung und Fähigkeiten voraus. Die gesamte Folge würde den Zeitrahmen sprengen und vom zentralen Thema ablenken, da in jeder Folge mehrere Handlungsstränge parallel stattfinden. Die einzelnen Szenen des betreffenden Handlungsstrangs sollten deshalb mit einem Videoprogramm wie *Windows Movie Maker* zusammengeschnitten werden. Der Handlungsstrang zu der Patientin Wilk dauert dann immer noch neun Minuten.
Im Folgenden wird der Ablauf der Unterrichtseinheit zum Umgang mit Trauer und Verlust dargestellt.

Lernziele	Die Studierenden sollen Grundlagen zu Trauer lernen (Ablauf, Dauer, Ausprägungen). Die Studierenden sollen typische Verhaltensweisen im Umgang mit Trauer und Verlust erkennen. Die Studierenden sollen die eigene Belastung durch sterbende Patienten erkennen.
Material	Karteikarten; Notebook, Beamer, Lautsprecher; Videoausschnitt aus *Scrubs* »Mein Leidensgenosse«

Ablauf	Begrüßung, Ablauf erklären	5 Min.
	Übung zu Trauer	20 Min.
	Diskussion der Trauerübung, eigener Verlusterfahrungen, Umgang mit Trauer und Verlust in der Begleitung von Patienten und Angehörigen	30 Min.
	Videoausschnitt aus *Scrubs* »Mein Leidensgenosse«	10 Min.
	Diskussion des Videos, Umgang mit der eigenen Belastung durch sterbende Patienten	20 Min.
	Abschluss	5 Min.

Literaturhinweise

Bundesministerium der Justiz. Gesetz zur Regelung des Assistenzpflegebedarfs im Krankenhaus. Bundesgesetzblatt Teil I 2009, 50, S. 2495 f.

Cremer-Schaeffer, P., Radbruch, L.: Palliativversorgung im Blickwinkel gesetzlicher und regulatorischer Vorgaben in Deutschland. Bundesgesundheitsblatt Gesundheitsforschung Gesundheitsschutz 2012, 55, S. 231–237.

Schluß jetzt!

Lukas Radbruch

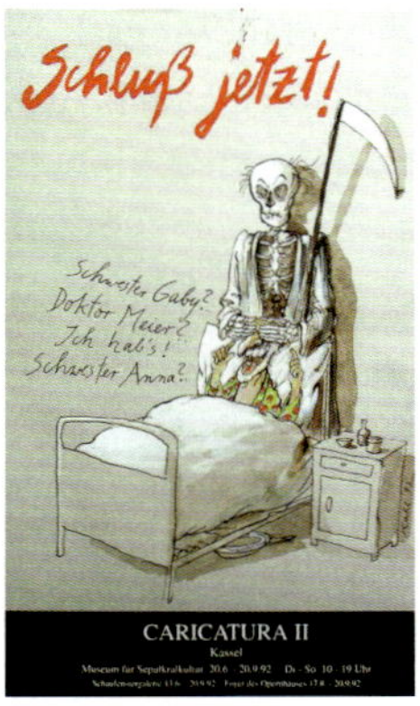

Schluß jetzt! Das Buch zur Caricatura. Herausgegeben von Achim Frenz und Andreas Sandmann, Kassel 1992, 156 Seiten mit zahlreichen Illustrationen

Zeichner von Cartoons und Karikaturen scheinen den Tod zu lieben. Eine kurze Suche über Google führt mich zu Webseiten wie www.todaberlustig.de, und den personifizierten Tod von www.nicht-lustig.de gibt es auch als Plüschfigur.

Ist das ein weiteres Zeichen dafür, dass das Tabu um Tod und Sterben in unserer Gesellschaft langsam überwunden wird? Wie war das denn vor zwanzig Jahren, wären da solche Cartoons auch möglich gewesen?

Die Antwort gibt »Schluß jetzt! Das Buch zur Caricatura«. Die Caricatura-Galerie für Komische Kunst im Kulturbahnhof Kassel liegt in der Nähe des Museums für Sepulkralkultur, da lag es nahe, dass auch einmal eine Ausstellung über den Tod kommen würde. Tatsächlich war es aber schon die zweite Ausstellung im Jahr 1992, die unter dieser Überschrift »Schluß jetzt!« Karikaturen zusammenbrachte zum Thema: das Deutsche, die Kunst, der Tod.

Das Buch zur Ausstellung zeigt ganz deutlich, dass schon vor zwanzig Jahren Tod und Sterben für den Karikaturisten allgegenwärtig waren, ob es nun im Alltag am Zeitungskiosk ist (»Haben Sie das neue Heft von *Schöner Sterben?*«), die Segnungen der Technik (»Sterbewunsch jetzt auch maschinenlesbar«), der modernen Intensivmedizin (»Das ist doch wieder typisch mein Mann! Hätte nicht ein Rekorder auch gereicht?!«) oder ganz am Schluss die Installation »Pflanzen fasten für den Regenwald«.

Als wir im Jahr 2000 mit einer Gruppe von Teilnehmern des Kongresses der Deutschen Gesellschaft für Palliativmedizin in Göttingen einen Ausflug ins Museum für Sepulkralkultur machten, standen noch einige wenige Bände im Museumsladen. Es spricht wohl für den Humorbedarf der Palliativmedizin, dass in wenigen Minuten auch das letzte Exemplar aus dem Regal gerissen worden war.

Tanz ums Grab

Lukas Radbruch

Nigel Barley: Tanz ums Grab. Stuttgart: Klett-Cotta, 1998/München: Deutscher Taschenbuch Verlag, 2000, 305 Seiten

Nigel Barley ist ein englischer Anthropologe, der schon früher durch seine ironischen Berichte zur Feldforschung in Afrika aufgefallen ist (»Traumatische Tropen«, München 1997). In »Tanz ums Grab« berichtet er von Sitten und Gebräuchen rund um Tod und Sterben. Sein Stil ist manchmal ironisch und oft wahnsinnig witzig, nicht nur wenn er die Gebräuche bei den Dowayos in Afrika oder bei den Toraja auf den Philippinen schildert, sondern auch wenn er mit der Brille dieser Stämme die europäischen Gebräuche und Rituale beschreibt. Dies sicher auch, weil Nigel Barley davon überzeugt ist, dass Humor die verbindende Klammer ist zwischen unterschiedlichen Kulturen.

Kindertrauergruppen leiten *Norbert Mucksch*

Stephanie Witt-Loers und Birgit Halbe: Kindertrauergruppen leiten – Ein Handbuch. Gütersloher Verlagshaus 2013, 255 Seiten mit umfangreicher Materialsammlung auf CD

Die beiden Autorinnen haben ein Handbuch vorgelegt, dessen Fülle an zur Verfügung gestelltem Material weit über das hinausgeht, was man von einem Handbuch erwartet. Das und zugleich die systematische Strukturierung dieses Buches zeichnen diese Veröffentlichung aus.

Im ersten Teil widmet sich Stephanie Witt-Loers sehr fundiert der Theorie und Praxis der Kindertrauergruppenleitung und vermittelt so denjenigen, die selbst (noch) nicht in die Arbeit mit trauernden Kindern eingebunden sind, die theoretischen Grundlagen dafür.

Aufbauend darauf stellt sie die Arbeit in Kindertrauergruppen nach dem von beiden Autorinnen entwickelten Konzept vor, um nachfolgend eine sehr konkrete Einführung in die Praxis der Arbeit mit einer Kindertrauergruppe zu vermitteln. Auch wenn, wie die Autorin selbst schreibt, nicht alle Aspekte, die für den Aufbau einer neuen Kindertrauergruppe zu berücksichtigen sind, in diesem Buch erfasst werden können, so finden die Leserin und der Leser doch gerade in diesem Abschnitt des Buches zahlreiche wertvolle Hinweise zur eigenen Grundhaltung, zur Rolle und zur hilfreichen Methodik. Anknüpfend an dieses Kapitel erweist sich auch der Wert der beiliegenden Daten-CD, die mit ihren zahllosen Materialien (Bilder, Fotos, Texte, gestalterische Anregungen, Entspannungsübungen …) einen Fundus bietet, der einer übergroßen Methoden-Schatzkiste gleicht.

Die dankenswerterweise auch als Daten-CD zur Verfügung gestellte Materialsammlung ist zwar vor allem für die Arbeit in Kindertrauergruppen gedacht, stellt aber auch für die Trauerbegleitungsarbeit in anderen Zusammenhängen sehr gut nutzbares Material zur Verfügung.

Im zweiten Teil des Buches stellt Birgit Halbe die ergänzende Eltern- und Bezugspersonenarbeit vor, wobei sie ebenso wie ihre Kollegin diese Arbeit in das gemeinsam entwickelte Konzept konsequent einbindet.

Leserinnen und Leser, die sich der Thematik und Aufgabe der Trauerbegleitung ganz allgemein nähern wollen, finden in diesem Abschnitt des Buches in bündiger Form erste sehr wertvolle Hinweise und Grundlagen zur Trauer bei Erwachsenen und aufbauend darauf zur Eltern- und Bezugspersonenarbeit.

Dieses Handbuch sei uneingeschränkt allen zur Lektüre empfohlen, die bereits trauernde Kinder begleiten oder sich auf deren Begleitung vorbereiten. Darüber hinaus aber auch all denen, die sich dem Aufgabenfeld der Trauerbegleitung ganz allgemein zuwenden wollen.

BUNDESVERBAND TRAUERBEGLEITUNG E.V.

Qualitätsstandards für die Große Qualifizierung in der Kindertrauerbegleitung

entwickelt und verabschiedet vom Bundesverband Trauerbegleitung e.V. (BVT) in Deutschland

Detlef Bongartz

Zur Entstehung des BVT

Vor zehn Jahren, ich kann mich noch gut daran erinnern, trafen sich zum ersten Mal einige der in Deutschland bekannten lehrenden Fachkräfte, die qualifizierte Fortbildungen im Bereich der Trauerbegleitung angeboten haben. Die ersten Treffen des *Bundesverbandes Trauerbegleitung e. V.* fanden damals noch unter dem Namen »Bundesarbeitsgemeinschaft Trauerbegleitung« statt. Nach dem Austausch über vorhandene Qualifizierungskonzepte aller Mitglieder des BVT wurden zukünftige Ziele und Aufgaben der Zusammenarbeit formuliert.

Der Bundesverband Trauerbegleitung e. V. hat es sich daraufhin zur Aufgabe gemacht, Qualitätsstandards zu erarbeiten, diese kontinuierlich fortzuentwickeln, umzusetzen und zu veröffentlichen, um die besondere Qualität der Angebote seiner Mitglieder zu sichern.

Über das Arbeitsfeld Trauerbegleitung hinaus werden auch Impulse in den öffentlichen Diskurs gegeben. Die Mitglieder des Bundesverbandes sichten und integrieren die neuesten Erkenntnisse aus der Trauer- und Lernforschung und diskutieren fachpolitische wie gesellschaftliche Entwicklungen.

Am 25.01.2007 hat der Bundesverband Trauerbegleitung e. V. die Qualitätsstandards für die Große und die Kleine Basisqualifikation zur Trauerbegleitung von Erwachsenen einstimmig verabschiedet.

Am 19.02.2013 folgte dann die Verabschiedung der Qualitätsstandards in der Kindertrauerbegleitung im Rahmen der Großen Basisqualifikation.

Gedanken zu den Qualitätsstandards in der Kindertrauerbegleitung

Vorbemerkung

Eine Arbeitsgruppe des Bundesverbandes Trauerbegleitung e. V., bestehend aus Detlef Bongartz, Christian Fleck, Christine Fleck-Bohaumilitzky, Birgit Halbe, Susanne Kraft, Walburga Schnock-Störmer und Hildegard Vogel, hat sich über drei Jahre mit der Entwicklung der verabschiedeten Qualitätsstandards in der Kindertrauerbegleitung auseinandergesetzt.

Was bedeutet Große Basisqualifizierung in der Kindertrauerbegleitung?

Um für die zukünftig in der Praxis tätigen Trauerbegleiterinnen und -begleitern fundierte Kenntnisse in der Begleitung trauernder Kinder, Jugendlicher und deren Eltern kompetent zu vermitteln, besteht neben den qualitativen Anforderungen ein quantitatives Kriterium im Umfang der Qualifizierung.

Leidfaden, Heft 4 / 2013, S. 96–99, © Vandenhoeck & Ruprecht GmbH & Co. KG, Göttingen, 2013, ISSN 2192-1202

Die Inhalte der Großen Basisqualifizierung in der Kindertrauerbegleitung werden in mindestens 200 Unterrichtseinheiten vermittelt. Wir sind der Ansicht, dass dies der minimalste Umfang der Vermittlung sein muss, da schon allein der Umgang mit der Trauer in den jeweiligen Alters- und Entwicklungsstufen der Kinder und Jugendlichen sehr differenziert zu betrachten ist und Zeit des Verstehens und der Umsetzung bedarf.

Zudem sind die Teilnehmerinnen und Teilnehmer verpflichtet, ihren eigenen Entwicklungsprozess im Kontext ihres beruflichen Handelns durch Supervisionssitzungen zu reflektieren.

suze / photocase.com

Qualitätsstandards für die Große Qualifizierung in der Kindertrauerbegleitung

Die Qualifizierung wendet sich an Menschen, die mit der Begleitung sterbender und trauernder Kinder und Jugendlicher im Beruf, im ehrenamtlichen Engagement oder in ihrem persönlichen Umfeld konfrontiert sind; die in Erwachsenenbildung, Weiterbildung, Supervision und individueller Trauerbegleitung tätig sind.

Vor dem Start der Qualifizierung sind in einem persönlichen Gespräch die Voraussetzungskriterien sowie die Rahmenbedingungen für die Teilnahme mit dem Interessenten/der Interessentin zu besprechen und zu klären. In unserer Arbeitsgruppe haben wir großen Wert auf die Erarbeitung qualitativ wertvoller Kriterien für die Entwicklung und Stabilisierung von Fach-, Selbst-Handlungskompetenz der einzelnen Teilnehmer gelegt sowie Standardziele formuliert und Wissensinhalte benannt, die eine Basis für die Arbeit mit dem System »Familie« bilden.

Da eine sinnvolle Arbeit mit trauernden Kindern und Jugendlichen nicht nur einen vertrauensvollen Kontakt zur gesamten Familie voraussetzt, sondern auch einen unterstützenden Kontakt zu weiteren wichtigen Bezugspersonen wie Erzieherinnen, Pädagoginnen, Trainern, liegt auch hierauf ein weiterer Fokus in der Qualifizierung.

Zur Erlangung des Zertifikats »Große Basisqualifizierung in der Kindertrauerbegleitung« sind zudem eine Abschlussarbeit sowie eine entsprechende Präsentation erforderlich.

Die notwendigen Qualifizierungen der Referenten, welche die Große Basisqualifizierung durchführen, werden ebenfalls in den Qualitätsstandards aufgeführt.

Somit ist es für Menschen, die sich für die Begleitung von Kindern, Jugendlichen und deren Familie interessieren, sicherlich gut möglich, sich einen entsprechenden Überblick über notwendige Kriterien und Themen der Kindertrauerbegleitung zu verschaffen.

Die Qualitätsstandards in der Kindertrauerbegleitung, vom Bundesverband Trauerbegleitung e. V. entwickelt und verabschiedet, finden Sie detailliert aufgeführt unter: www.bv-trauerbegleitung.de/Qualitaetsstandards/Kinder

BTV-Vorstandsmitglied Detlef Bongartz stellt sich vor

Detlef Bongartz, Jahrgang 1959, lebt in Kaarst bei Düsseldorf. E-Mail: info@merlinos.de

Zu meiner Person

In meiner Familie waren heilsame Wege und traumatische Verluste durch die Berufe meiner Eltern in meinem Leben frühzeitig integriert. Meine Mutter als Krankenschwester und mein Vater als Berufssoldat gingen sehr unterschiedlich mit den jeweiligen Themen und ihren Gefühlen um.

Das Spannungsfeld zwischen Offenheit und Verleugnung war mein stetiger Begleiter, der mich fühlen ließ, dass nur die eigene Auseinandersetzung mit meinem Leben und meiner Sterblichkeit tieferen Sinn macht.

Zur inneren Ausgeglichenheit führen mich oftmals die Meditation und das japanische Bogenschießen (Kyudo). Es sind heilsame Wegbegleiter.

Berufliche Qualifikationen und Erfahrungen

- Diplom-Heilpädagoge
- Physiotherapeut
- Supervisor (DGSv)
- verschiedene Zusatzausbildungen (u. a. Trauerbegleitung, Integrative Kindertherapie, Palliative Care, Sozialmanagement)

Seit über 30 Jahren arbeite ich im pädagogisch-therapeutischen Bereich mit lebensbedrohlich erkrankten Kindern und deren Familien, war fünf Jahre lang Koordinator einer Hospizbewegung und bin nun seit über 15 Jahren selbständig als Referent, Berater und Familienbegleiter.

Im Jahre 2004 gründete ich mit meiner Partnerin Susanne Kraft das Institut Merlinos – Lehre und Begleitung der kindlichen Seele in Kaarst bei Düsseldorf (www.merlinos.de).

Unsere Arbeit stützt sich auf drei Säulen:

- Wir begleiten Kinder, Jugendliche und deren Familien in Lebens- und Trauerkrisen.
- Wir qualifizieren Menschen in der Kindertrauerbegleitung, geben Seminare für Menschen, die mit Kindern arbeiten, halten Vorträge zu verschiedenen Themen der Trauer/Trauerbegleitung.
- Wir bieten Teams und Einzelpersonen die Möglichkeit, sich berufliche und persönliche Arbeitsprozesse detailliert supervisorisch anzuschauen.

Als Gründungs- und Vorstandsmitglied des Bundesverbandes Trauerbegleitung e. V. (BVT) in Deutschland und als Mitglied in dem Bundesarbeitskreis Trauerbegleitung für Kinder, Jugendliche und Familie liegt mein großes Interesse darin, das Thema der Qualifizierung und der praktischen Arbeit in diesem Bereich zu fördern und zu unterstützen.

Mein Engagement im BVT

Wie aus meiner beruflichen Biographie zu lesen ist, ist mir die verantwortungsvolle Arbeit mit trauernden und im Sterben liegenden Kindern, Jugendlichen und deren Familien ein Herzensanliegen.

Die Qualität in der Trauerbegleitung, sowohl in der Fort- und Weiterbildung als auch die praktische und persönliche Tätigkeit mit trauernden Menschen, ob jung, ob älter, ist ein wesentliches Kriterium für eine in der Öffentlichkeit vertrauensvolle Anerkennung dieser wertvollen Arbeit.

Die Standards der Qualifizierung in der Trauerbegleitung sowohl für den Erwachsenen- wie auch für den Kinder- und Jugendlichenbereich haben schon große Anerkennung in der Öffentlichkeit erreicht. Viele Ausbildungsinstitute arbeiten nach den Standards des BVT. Die Zertifizierung nach den Standards obliegt aber nur den Mitgliedern des BVT.

Die intensive, wertschätzende und auch humorvolle Zusammenarbeit aller Kolleginnen und Kollegen im BVT sorgen für eine motivierende und tragende Atmosphäre, die oftmals auch zu einer wohltuenden Leichtigkeit in der Auseinandersetzung mit durchaus schwierigen Themen beiträgt.

Vorschau Heft 1|2014

Thema: Trauma zwischen Akzeptanz und Ignoranz

Psychotrauma und Trauer aus phänomenologischer und existenzanalytischer Sicht

Komplizierte Trauer, Depression und Posttraumatische Belastungsstörung – Eine Abgrenzung

Die Katastrophe als Alltag: Bericht aus der Notfallseelsorge

Akute und langfristige Auswirkungen von Traumata

Bewaffneter Konflikt und Trauer
Beratung und Therapie mit Flüchtlingen

Auf der Flucht – Psychotrauma bei Flüchtlingen

Kriegskinder
Psychische Traumafolgestörungen durch Kriegserlebnisse bei Kindern und Jugendlichen

Krankheitserfahrung als Psychotrauma

Traumatische Verluste bei Kindern

u. a. m.

Impressum

Herausgeber/-innen:
Monika Müller M. A., ALPHA Rheinland, Zentrum für Palliativmedizin, Von-Hompesch-Str. 1, D-53123 Bonn
E-Mail: vr-leidfaden@monikamueller.com

Prof. Dr. med. Lukas Radbruch, Zentrum für Palliativmedizin der Universität Bonn, Von-Hompesch-Str. 1, 53123 Bonn
E-Mail: lukas.radbruch@vr-leidfaden.de

Dr. Sylvia Brathuhn, Bundesverband für Frauenselbsthilfe nach Krebs e.V., Schweidnitzer Str. 17, 56566 Neuwied
E-Mail: sylvia.brathuhn@vr-leidfaden.de

Dipl.-Psych. Thorsten Adelt (Bonn), Dr. Dorothee Bürgi (Zürich), Prof. Dr. Arnold Langenmayr (Ratingen), Markus Melchers M. A. (Bonn), Dipl.-Sozialpäd. Heiner Melching (Berlin), Dr. Christian Metz (Wien), Dipl.-Päd. Petra Rechenberg-Winter M. A. (Eichenau)

Bitte senden Sie postalische Anfragen und Rezensionsexemplare an Monika Müller, Zentrum für Palliativmedizin, ALPHA Rheinland, Von-Hompesch-Str. 1, 53123 Bonn

Redaktion:
Ulrike Kamp M. A., Verlag Vandenhoeck & Ruprecht, Robert-Bosch-Breite 6, 37079 Göttingen,
Tel.: 0551-5084-423, Fax: 0551-5084-477
E-Mail: u.kamp@v-r.de

Bezugsbedingungen:
Leidfaden erscheint 4-mal jährlich mit einem Gesamtumfang von ca. 360 Seiten. Bestellung durch jede Buchhandlung oder beim Verlag. Jahresbezugspreis € 68,00 D / € 70,00 A / SFr 85,50. Institutionen-Preis € 132,00 D / € 135,80 A / SFr 172,00, Einzelheftpreis € 19,95 D / € 20,60 A / SFr 26,90 (jeweils zzgl. Versandkosten), Online-Abo inklusive für Printabonnenten. Preisänderungen vorbehalten. Die Bezugsdauer verlängert sich jeweils um ein Jahr, wenn nicht eine Abbestellung bis zum 01.10. erfolgt.

Verlag:
Vandenhoeck & Ruprecht GmbH & Co. KG, Theaterstr. 13, 37073 Göttingen; Tel.: 0551-5084-40, Fax: 0551-5084-454

www.v-r.de

ISSN 2192-1202
ISBN 978-3-525-80604-3
ISBN 978-3-647-80604-4 (E-Book)

Umschlagabbildung: © Lukas Radbruch

Bestellungen und Abonnementverwaltung:
HGV Hanseatische Gesellschaft für Verlagsservice mbH, Servicecenter Fachverlage, Holzwiesenstr. 2, 72127 Kusterdingen;
Tel.: 07071-9353-16, Fax: 07071-9353-93,
E-Mail: v-r-journals@hgv-online.de

Gestaltung, Satz und Lithografie: SchwabScantechnik, Göttingen
Druck: Memminger MedienCentrum, Memmingen

Printed in Germany